教育部人文社会科学研究青年基金项目（项目批准号：16YJC880

陕西师范大学优秀著作出版基金资助出版

普通高中教育成本分担与补偿理论研究

董俊燕　著

陕西师范大学出版总社

图书代号 JC17N0018

图书在版编目(CIP)数据

普通高中教育成本分担与补偿理论研究 / 董俊燕著. —西安：陕西师范大学出版总社有限公司，2017.1
ISBN 978-7-5613-8798-6

Ⅰ. ①普… Ⅱ. ①董… Ⅲ. ①高中—教育成本—研究—中国 Ⅳ. ①G630

中国版本图书馆 CIP 数据核字(2016)第 321520 号

普通高中教育成本分担与补偿理论研究

董俊燕 著

责任编辑 钱 栩 杜世雄
责任校对 曹克瑜
封面设计 浥林品牌设计
出版发行 陕西师范大学出版总社
(西安市长安南路 199 号 邮编 710062)
网 址 http://www.snupg.com
经 销 新华书店
印 刷 北京京华虎彩印刷有限公司
开 本 787mm×1092mm 1/16
印 张 10.875
字 数 198 千
版 次 2017 年 1 月第 1 版
印 次 2017 年 1 月第 1 次印刷
书 号 ISBN 978-7-5613-8798-6
定 价 38.00 元

读者购书、书店添货或发现印装质量问题，请与本社高教出版中心联系。
电话：(029)85303622(传真) 85307826

前　　言

普通高中教育成本分担与补偿理论的界定、内容、结构以及对普通高中教育的影响是本研究的重点。本研究系统地考察了普通高中教育的成本分担结构,包含政府分担、个人分担以及层级政府偏好差异三个层面。试图通过理论和实践的验证,分别对普通高中政府分担理论、层级政府分担偏好理论、个人分担与补偿理论进行深入的分析,试图建立系统性的理论框架,并通过不同的分担结构对普通高中教育质量和多元化发展的影响,评价目前普通高中教育成本分担与补偿理论的实践,并提出制度化的改进方案和建议。

普通高中教育作为高中阶段教育的一个主要组成部分,研究首先从目前我国不同区域高中阶段教育展现的不同发展模式出发,进而通过基尼系数和变异系数等度量不平等的方法,对目前高中阶段教育发展条件保障的地区间不平等进行了分析,以便对高中阶段教育发展中各地条件保障的差异有一个明确的了解,然后在此基础上,利用面板数据对高中阶段教育的普及趋势进行了分析,也形成了本研究高中阶段教育发展的现实背景。

制度存在一定的路径依赖性,因此,研究对我国新中国成立以来的普通高中教育制度进行了梳理,并总结了不同时期的制度模式。根据普通高中教育发展趋势的变动,分析了层级政府成本分担和政府与个人成本分担的制度变迁,发现普通高中教育经费不足的问题长期存在。

作为分担结构的一大主体——政府分担,本研究利用公共经济学中准公共产品理论、教育收益率、教育信贷市场的不完善以及教育的外部性理论作为其分担结构的经济学理论依据。在理论依据的基础上,使用现实数据进行验证,利用1998—2011年的省级面板数据,分析政府分担比例的决定因素,研究发现地方财政能力与其呈"U型"关系,地方经济发展水平、政府对普通高中投入偏好都促进了政府分担比例的提高,但随着学生规模的扩大,政府分担比例在减少,从我国普通高中教育成本分担的理论基础来说,政府应进一步加大对教育经费投入,以维护自己在经费投入中的主导地位。

不同层级政府之间的分担结构和投入偏好问题是本研究的一项重要延伸,通过借用经济学的"偏好"一词,解释政府选择行为,使用政府偏好理论、分权理论研究,分析我国的政府支出行为,并进一步通过对公共支出结构的分析,指出地方政府与中央政府投入偏好差异,根据财政分权的结果,提出转移支付对纠正基础教育财政支出偏低状况的作用,并使用1998—2011年的现实数据,通过对省级政府和市县政府普通高中中投入偏好的因素分析,发现省级政府对普通高中的投入更多的是依赖中央的转移支付,市县级政府将义务教育和普通高中教育视为必须支出项,不受财政能力和转移支付的影响。

按照成本分担的受益原则和能力原则,一方面,利用市场化的方式构建家庭、学生和学校的一般均衡模型,在家庭和学校相互选择的过程中,家庭通过对不同学校的选择实现自身效用最大化,学校通过寻找高能力的学生取得自身质量最大化。学校从质量出发,为了争抢优质生源,对不同质量的学生进行价格歧视,通过市场的方式对低收入家庭进行补贴的同时提高学校的生源质量。另一方面,由于个人分担的资本市场流动性限制,对大部分贫困家庭而言,普惠性的助学金制度才能给予他们选择的权力,在高中阶段选择是否就读普通高中时不受家庭收入的影响。现实层面的验证发现,我国的农村居民对学费的支付能力较低,从公平角度出发,应对低收入家庭进行合理补偿。

通过分析教育成本分担结构对普通高中教育发展的影响,以评估现有的分担结构。对教育质量的影响选择了投入和产出质量,使用生均经费表示投入质量,结果发现加大政府分担比例,有利于生均预算内教育经费的增加,从而增加生均教育经费;运用2009—2011年的截面混合数据对产出质量——普通高中学生重点大学升学率的影响发现,增加生均投入尤其是政府生均投入可以显著地提高普通高中的产出质量。从普通高中多样化发展的实证分析中,发现民办高中的发展仍处于弥补政府投入不足的“过度需求”阶段。

所以据前文表述,可总结出我国普通高中教育成本分担与补偿的理论框架体系,为我国普通高中教育经费投入机制提供理论和现实的指导。

目　录

图表目录

第1章　导言

1.1　选题背景和意义

“一个高中生一年究竟要花多少钱？2009 年长沙的一项调查发现，按月均生活费不足 200 元为标准，长沙市普高贫困生总数 1.97 万，约占总人数的 14%。省示范高中、城镇普高和农村高中学生每年分别需支付各种学习、生活费用 3 000—5 000 元不等，寄宿学生每年需支出 7 000—9 000 元不等。”① 这项调查直观地描述了我国普通高中费用家庭负担的压力。

从政府负担角度来看，按照联合国教科文组织通行的对不同教育水平的分类，高中阶段教育是中等教育的高级阶段，同时也是走向高等教育或者就业的过渡期。很多发达国家的高中阶段教育早已纳入义务教育之中，而《国家中长期教育改革和发展规划（2010—2020）》中明确指出，到 2020 年，普及高中教育，毛入学率 2015 年达到 87%，2020 年达到 90%。加大教育投入，各级政府要优化财政支出结构，统筹各项收入，把教育作为财政支出重点领域予以优先保障。普通高中实行以财政投入为主，其他渠道筹措经费为辅的机制，建立普通高中家庭经济困难学生国家资助制度，普通高中教育经费投入的成本分担方式已基本建立。以政府投入为主，但又缺乏对普通高中教育投入和主要经费来源的刚性规定。

从政府偏好来看，我国普通高中教育一直以来都处于很尴尬的位置，与义务教育并称为基础教育，在我国目前的财政体制下实行的是“以县为主”的投入方式。但是由于国家目前从政策、执行到评估都重视义务教育，地方政府有限的资源首先要保障义务教育之后才会考虑高中阶段教育；另一个与普通高中教育竞争财政性经费的则是中等职业教育。2002 年 6 月，国务

① 叶青. 高中的财政支持政策[J]. 南方周末报，2013 - 06 - 14.

院出台了《国务院关于大力推进职业教育改革和发展的决定》，紧接着，2005年2月，教育部下发了《教育部关于加快发展中等教育的意见》，并建立了中等职业教育学生资助系统。由于我国义务教育已经进入了免费时代，同时对于农村地区实行“两免一补”，中等职业教育相关的各项政策陆续出台。而我国现行的普通高中教育筹资制度缺乏明确的制度保障，与普通高中教育筹资相关的保障规定仅有两个文件，即1985年的《中共中央关于教育体制改革的决定》和2001年国务院颁布的《关于基础教育改革与发展的决定》。文件指出，实行“在国务院领导下，由地方政府负责，分级管理，以县为主”的体制。而事务责任和财权之间的不协调，地方政府与中央的财政偏好不一致，使得普通高中教育的区域发展非均衡性加大。

目前我国学者对普通高中教育成本分担的研究大多是从政府负担角度或学费的家庭负担能力出发，分析普通高中教育成本分担结构问题，鲜少涉及各层级政府对普通高中的投入偏好问题。从成本分担结构本身来看，重点在于讨论政府将一部分成本转移给居民家庭之后而产生的成本分担和补偿。

学者关于普通高中教育的研究大都集中于对某个问题的实证研究，高中教育属于基础教育，关于基础教育财政制度的理论散见于公共财政理论、人力资本理论、新政治经济学和新制度经济学的相关论著中，而普通高中教育经常与义务教育捆绑在一起，鲜少有学者对普通高中教育投入中成本分担结构进行深入的研究和思考。本文使用经济学的理论和方法，结合教育经济和教育财政理论，对我国普通高中教育成本分担的两个投入主体进行深入的研究。

实践中普通高中教育呈现出一系列与教育成本分担相关的问题：学校乱收费、学费择校费高涨；由于个人分担的压力导致教育机会不均等，农村高中和城市高中差距过大，大学新生中农村生源的学生数量锐减；各地政策不一，政府分担比例差别巨大，发展不均衡，有些地区已经实现了普通高中阶段教育免费政策，有的地区政府投入过少；而政府间职责划分不清，地方财政教育负担过重等。这些问题可归纳为两个方面：一是政府、个人的成本分担和补偿，即分别应承担的财政责任以及政府应对低收入群体如何补偿的问题；二是层级政府的财政偏好问题，即不同层级政府因财权和事权而产生的投入偏好差异问题。由于本文主要探讨的是教育成本分担和补偿理论,因此,对现实分担效果的研究将对我国普通高中教育经费在投入中的公平和效率产生很强的政策意义;对于各地普通高中校级层面的意义在于,由于成本分担导致的竞争性,校方在吸引优质的低收入家庭生源时可以利用成本补偿和价格歧视的方式,使学校整体的教育质量得到提升,从而对于加快高中阶段教育普及和提高普通高中教育的均衡发展有一定的现实指导意义。

国际上对于成本分担与补偿的研究很多都是基于高等教育的,研究均发现学费的增长对入学率有显著的负向影响,而且迫于财力的限制,会使很多的低收入家庭选择质量较差的社区学院就读(Hilmer, 1998; Berger&Kostal,2002;)。袁连生等(2011)研究教育成本分担对地区教育发展的影响发现,居民个人负担越高,教育机会和教育质量都会越低。个人负担过多的教育成本,导致个人教育需求低于社会最优需求,最终将不利于地区教育发展。对成本分担的研究表明,只要有收费就存在竞争,因此,普通高中教育成本分担的原则应包含三个部分。第一,公平性原则。也就是成本分担应考虑到低收入家庭以及教育的代际流动性,可以给予他们更多的补贴,以弥补教育收费带来的损失。第二,资源配置效率。由于存在竞争,各学校纷纷加入了生源和教育质量竞争的行列,竞争提高了学校的效率,促使学校合理配置资源,发挥自身的优势,呈现出高中多样化的发展。第三,提高了学校的教育质量。学生在私人成本的压力下会更努力地学习,从而提高所在学校整体的教育质量。当然,学校为了争取更多更优质的生源,使自身赢得竞争,也会努力提高自身质量。

按照约翰斯通对高等教育成本分担参与方的界定,我们来分析我国普通高中教育的成本分担参与者。在我国,普通高中教育属于基础教育,因此国家明确规定了其发展是“以公共财政为主,多渠道筹集经费”的模式。也因此使得普通高中教育的第一主要参与方就是政府,政府的职责主要是通过公共财政承担普通高中绝大部分或者全部教学成本。美国和欧洲等国公共财政承担了公立高中的全部教学成本,我国各省承担的份额根据其财政能力和政府偏好等原因,有很大差异。目前,内蒙古自治区已经实行全省公立高中免费的政策,但大部分省份的公共财政基本奉行以公共财政为主的政策策略。第二主要参与方是学生和家庭,家庭主要承担学生的生活成本和部分教学成本。由于家庭需要用现期收入来支付学生的学费和生活费,因此,在制定学费标准时,应考虑的一个主要问题就是家庭的支付能力,如果家庭现期收入无力支付,那么他们需要考虑的一个问题就是是否要通过银行信贷来对孩子的普通高中教育进行投资,这就与各地普通高中教育的发展和其财政政策密切相关。第三个参与方为个人或机构捐赠,作为非政府收入的一个组成部分——在我国捐赠所占比例一直比较小,而且捐赠也是以高等教育和义务教育为主,因此,普通高中教育成本分担最重要的两大主体分别是政府与家庭。公共教育财政在普通高中阶段主要承担两部分,国家财政性教育经费和针对低收入家庭的学生资助(自2010年起开始实行),家庭所承担的学费和部分择校费其实只是对于教学成本的部分补偿。

教育成本分担引发了关于教育公平和效率的疑问,教育财政的目标是使学生的边际成本等于其边际收益,从而达到一般均衡。我国的普通高中教育发展不论是地区内部还是区域之间,一直遵循的都是非均衡发展的策略。由于各地经济发展水平、政府投资偏好以及对教育重视传统的差异,成本分担方式各异。所以我们讨论高中教育成本分担问题,应着眼于两个方面。一是政府与个人的成本分担,涉及公共经济学中教育属性和学生及学校相互选择的一般均衡理论。二是层级政府投入偏好,涉及财政分权理论、政治结构和转移支付理论。就成本分担来说,需要回答的问题包括:(1)政府成本分担差异的原因是什么?(2)个人成本分担对不同收入群体教育支出的影响是否一致?(3)层级政府投入偏好差异的原因是什么?(4)不同的成本分担结构产生的结果,这涉及公平与效率的选择问题。

1.2 研究现状

普通高中教育成本分担研究属于教育财政研究的一项重要内容,而普通高中的教育成本分担是依据我国目前的国情将普通高中教育设定为非义务教育的情形之下产生的。但是教育成本分担不仅仅在政府和个人之间,在政府之间也存在着教育分权的成本分担行为,因此通过国内外对普通高中教育成本分担各主体的研究,将有助于我们发现目前学者对普通高中成本分担研究的进展,并在此基础上以进行更为深入的研究和分析。

1.2.1 国内研究现状

几乎所有普通高中教育经费的研究都会涉及成本分担,但对其进行系统研究的文献却比较少。范先佐等早在1998年就详细地介绍和分析了教育成本的分担和补偿,其中涉及普通高中教育的部分指出,高中带给学生的不是直接的经济收益和社会地位,而是一种教育选择的权力,这种权力具有较高的经济价值,因此,应对高中收取学费,这也体现了公平的原则。成本分担问题涉及政府和个人分担,即政府投入及个人学杂费投入问题,以及与成本分担相辅相成的成本补偿问题,即对弱势群体的补贴问题。彭湃和陈文娇(2007)对我国普通高中教育成本分担进行了相对系统的研究,通过分析我国1996—2003年政府与个人分担比例的变化趋势及学杂费支出的变化后明确指出,我国高中已经在实施教育成本分担政策,其中政府分担的比重正逐年下降,个人分担的比重正逐年上升,个人与家庭所支付的学杂费增长速度快,占生均教育经费、城乡居民收入的比重均上升,农民家庭的高中教育成本负担较重。陈如平(2013)在对学校经费问题的调研中发现,大部分示范性高中处于高额负债的状态,河南有86.84%的校长反映经费短缺是其发展最大的挑战。教育投入问题已经成了普通高中教育能否健康地朝着内涵式发展的大障碍,因此,政府和个人分担比例的合理性以及成本补偿的公平性显得愈发重要。

目前我国学者对普通高中成本分担结构中不同分担主体的研究主要包含以下几个方面:

第一,我国普通高中教育经费的政府投入问题。

刘建民等(2012)指出,保障普通高中经费政府投入,应加快普通高中经费投入立法,明确政府在普通高中经费投入中的主体地位,建立符合我国国情的各级政府分担机制。刘泽云(2008,2011)对普通高中教育经费投入做了细致的研究。从教育财政充足性角度,使用1998—2005年的教育经费数据进行实证分析,得出我国地方财政供给能力与政府投入水平之间存在倒“U型”关系,政府投入比例偏低,生均经费指数逐年下降,教育投入的充足性方面还有待提高,否则即便入学率提高了,也未必能够保证学生可以享受到有质量的教育服务。沈百福等(2009)通过分析我国普通高中预算内教育经费、学费以及生均经费指数发现,不仅东、中、西部地区之间教育投入不平衡,地区内部尤其是西部地区内部教育投入差距巨大。政府对高中教育的投入力度不够,学费占高中教育总经费的比例较高,尤其是农村居民的学费负担非常重。同时,高中教育经费占人均 GDP 的比重下降太快。

第二,个人成本分担和补偿问题。

由于成本分担而产生的学费、择校费问题成为很多学者关注的重点,同时也是研究经费投入问题的一大重点,从宏观层面的省际差异(刘泽云,2009;陈文娇,2007;宗晓华,2009)到微观层面的校际差异及学费和择校问题(杨钋,2009;文路璟,2006),再到由于个人负担而引致的对于普通高中学生资助问题的讨论(杨钋,2009),尤其是在 2010 年我国建立了普通高中国家助学金制度之后,关于助学金制度的实施效果等问题。田健(2010)对安徽省两市四所普通高中进行了抽样调查,研究发现,政府一直是普通高中教育资助的主要渠道,社会资助体系仍不发达。与其他类别教育相比,普通高中教育的学生资助更多的是学习成绩导向而非经济收入导向。霍益萍(2010 年)对我国普通高中的现状进行了调研,家长访谈显示在高中阶段选择普通高中的家庭占到了 64%(对即使不能上大学,也要上普通高中表示同意),90.8% 的家长同意高中在孩子成长过程中的关键作用,对孩子就读普通高中给家庭带来的经济压力问题,30.2% 的家庭认为压力很大。

第三,政府投入偏好差异对普通高中教育经费投入的影响。

郭建如(2003)指出:税费改革和新的办学体制虽然强调了中央政府、省级政府以及县政府的责任,但这几者的权力和责任究竟如何划分。在这样的情况下,地方政府(主要是县级政府)、省级政府和中央政府之间就产生了一个很大的博弈空间。高中教育的人力流动较大,具有较强的溢出效应。宗晓华(2009)指出,地方政府在提供公共服务时面临着巨大的财政外溢,他采用多任务委托—代理模型,论证了地方政府在政治集权和财政分权的组织结构中,将系统地忽视产出不易测量的社会民生类公共服务的提供。并通过对影响普通高中入学率的因素进行实证分析,印证了地方政府尽其所能在削减公共教育服务的开支,并向居民转嫁。王蓉等(2008)利用 31 个省 2000—2004 年的数据发现,省以下财政体制对于教育支出占财政总支出的比例存在显著影响。邹俊伟等(2010)从地方政府教育投入努力程度的视角对地方政府的教育财政政策绩效给予实证分析, 指出在目前中国的地方决策体制下, 地方官员行为和分权体制的双重作用, 是地方政府在提供诸如教育等基本福利方面行为变异的根本原因。进一步提出了地方教育财政政策改革的总体思路：（1）必须系统地、全面地改革目前的教育转移支付体系，将教育投入立法化，从而在制度层面上保障教育投入。（2）教育转移支付体系改革与官员政绩评价体制改革相配套，从而使得教育等代表人民福利水平的重要指标作为政绩考核的必要条件，真正使得地方政府关心民生。

第四，普通高中教育公平问题

所谓教育资源配置，简而言之就是对于人、财、物的配置。研究教育资源配置的文献大多基于教育是实现社会公平的一个重要条件和基础，国际社会将教育财政平等作为教育资源公平配置的核心。其中四个原则被广为接受，它们分别是：资源分配平等原则、财政中立原则、调整特殊需要的原则以及成本分担和成本补偿原则。而普通高中教育资源的配置存在着区域不均、城乡不均和校际不均的问题（冯建军，2010；陈玉华，2005），冯建军（2010）还以江苏省为案例讨论了不同社会阶层的子女在重点高中和一般高中的分布来说明目前普通高中教育资源存在分配不均，向城市倾斜、向重点高中和强势群体倾斜的问题。

纵观学者的研究，基本上都论述了目前我国政府承担的普通高中教育经费比例过低，个人承担部分过高，学费的增长速度远超过了财政性经费的增长速度，以及由于经费投入不足而导致的学校负债现象的出现，因此应进一步加大政府的投入责任，为加快实现普及高中阶段教育的目标提供充足的经费。以上学者们的研究主要是针对成本分担的某一个方面引发的问题进行的经验研究，笔者并没有看到关于普通高中教育成本分担从理论到经验，从政府分担到个人分担进行详尽的研究，但我国普通高中教育投入事实上的成本分担机制各异，需要进行深层次的细致入微的研究。

事实上我国学者对成本分担的研究基本上是围绕着高等教育进行的，这源于成本分担概念的提出就是针对高等教育收取学费的，西方发达国家的普通高中教育基本上是纳入义务教育框架之中的，所以 20 世纪 70 年代约翰斯通提出成本分担理论时，是针对高等教育而言的。因此，本研究的一项重要工作就是考察我国普通高中教育不同的成本分担比例形成的原因，以及在不同分担比例下对普通高中教育发展的影响。

1.2.2 国外研究现状

由于美国的普通高中教育已纳入了义务教育之中,统称为 K－12 教育,其公立学校的教育经费全部由政府负担,因此,对美国基础教育财政的研究主要集中在三个方面。一是政府教育财政投入,着眼于投入的充足、公平和效率方面进行研究;二是家庭对教育成本的负担部分,通过学生家庭对不同学校的选择来考察不同收入的家庭对公立和私立学校的选择;三是层级政府之间的成本分担——教育分权和转移支付——的改革和变动也是其研究的重点。对美国基础教育财政研究的分析有利于厘清我们对政府基础教育财政责任和财政改革更深入的认识,基础教育财政的充足性和公平性本身就是教育财政的目标。

第一,基础教育政府财政投入。

Minorini(1999)认为教育财政充足性水平的制定并非关心学校或者学区之间所拥有的教育经费的多寡,而是关心学校或者学区是否获得足够的教育经费为每一名学生提供达到充足教育水平所必需的教学服务。Gthrie W(1999) 认为定义基础教育财政充足性水平应分为两部分:一是各州规定的每名学生必须达到的教育产出标准;二是各州为每所学校提供教育经费,确保学校能保证学生达到规定的学业产出标准,该经费水平被称为基础教育财政的充足性水平。Baker(2005)认为教育充足包括两个部分:绝对标准,对于所期望的教育结果的水平相联系的财政支持的总体值,实际上是宏观充足;相对标准,对于不同教育需求的学生的不同的教育成本,也就是微观充足。

第二,家庭的教育选择。

美国自 2003 年颁布了"不让一个孩子掉队"的法案之后,教育部专门设置了家庭的教育选择,包括公立学校、特许学校、磁石学校和私立学校等选项,很多学者就家庭选择做了一系列的研究工作。当然,父母愿意把孩子送到私立学校主要是因为他们相信在私立学校的收益会超出他们的收费。Epple 和 Romano(1998,2002)、Hoyt 和 Lee(1998)以及 Chakrabarti(2006,2008)都分别通过建立理论模型考察家庭对不同学校的选择,家庭收入和学生能力被认为是影响他们选择的主要因素,高收入的家庭和那些能力更高的学生会选择质量高的私立学校,反之亦然。从实证研究上看,目前主要做两个方面的努力:首先通过微观的家庭调查,询问他们对于不同学校和学校类型的偏好,之后考察现实的选择与偏好的差距。很多关于家长选择的文献发现,家长在陈述自己学校选择偏好的时候,对不同类型学校的信息并不感兴趣(Howell,2004;Elacqua 等,2006;Weiher & Tedin,2002)。相反,观测到的选择行为却反映了家长对学校信息的强烈关注(Henig,1990;Glazerman,1998;Saporito,2003;Elacqua 等,2006)。尽管学者们的研究基于不同的时间和区域,但结果都基本相似。

Schneider 和 Burkley(2002)针对互联网信息扫描次数对家长的搜寻行为进行了研究,互联网提供了华盛顿特区公立学校和特许学校详细的信息(例如学校信息、考试分数、位置和学术项目)。在美国的很多研究发现,白人在选择学校时会尽量避免少数族裔(Lankford & Wyckoff,2000;Saporito,2003),Schneider 和 Buckley(2002)发现家长倾向于选择黑人学生较少的学校,这一结果针对受教育程度较高的父母更为强烈,Lankford 和 Wyckoff(1992)还发现家长对于所选择的学校的家长的收入水平非常在意,Saporito(2003)的研究也发现非贫穷家庭进行学校选择时对低收入者比例比贫穷家庭更为敏感。

在家长进行学校选择时对于学校平均成绩重视程度的研究发现,对于学校平均成绩比较看重的依次是白人、黑人和西班牙裔(Weiher & Tedin,2002),Hastings 等(2006)发现选择高质量(成绩较高)学校的通常都是高收入家庭。

第三,美国 K-12 教育财政层级政府分担研究。

美国的基础教育财政改革基本上集中在教育财政均衡化运动方面,K-12教育的目标被定为公平、充足和效率,由此导致学区的教育财政集权化增加。从 1982—2003 年,美国用于 K-12 教育的经费从 1 170 亿美元上升到 4 620 亿美元(NCES,2006),那么如何更好地使用这些经费,受到了设置的公平和效率目标影响。从历史上来看,美国的基础教育财政很大程度上是由地方负担的(Guthrire 等,2007),家庭和社区为当地学校筹集资金以使自己的孩子可以学习知识和技能。在 16 世纪中期,《义务教育法》开始实施,强制政府建立学校系统,并资助和管理公立教育。18 世纪中期,由税收支撑教育财政体系在各层级政府都已建立,这种地方教育财政体系与地区间不平衡的经济发展和财力相结合,导致在教育经费的支出、服务和教育产出上的巨大差异。尽管希望教育财政的分权体系可以体现效率,但是内在的非均衡以及对于地区财产税的过度依赖,使得美国逐渐开始了基础教育财政改革,在1973年之后基础教育的权限放在州级政府,最高法院裁决宪法并没有给予联邦政府均等化教育财政的权利(Christine H. Roch and Robert M. Howard,2008)。从1919—2003年,州政府负担的教育经费从17%上升到49%,地方政府负担比例则从83%减少到43%(NCES,2006)。

20世纪90年代美国的教育财政改革主要针对的是学区和社会阶层教育资源不均衡问题,而学区间教育财政均衡问题一直都是州政府主要的关注点,财产税通常是学区主要的教育财政收入,而财产税容易导致显著的教育财政不均等。平均来说,州政府将78%的教育转移支付用于学区间财政不均衡,而8%用于社会阶层的教育财政不均衡(Kenneth K. Wong,1991)。对于分担比例较高的州,尤其是历史上扮演很强角色的一些州的立法机关会选择拨付新的资源用于学校。而对于与学区分担比例差不多的州来说,他们更愿意将有限的资源拨付给弱势阶层,而向主导地位过渡的州则更关注学区间的不均衡。

John Yinger(2004)介绍了美国K-12教育财政改革中两种主要的教育财政模式,各州主要采用了两种机制去解决学区降低的财政能力和高需求:基数补助和保证税基补助。基数补助最初是由George Strayer等在1920年对纽约州的经费进行配置的时候提出来的,在基数补助之下,州的责任被限定在提供最低程度的学校支持,州政府的转移支付不能超过基金水平。但是许多情况下,基金补助远达不到可以提供充足学校服务的水平,所以就出现了保证税基补助模式,这种模式对于州政府的转移支付金额并没有限制,州政府使各学区之间的纳税能力均等。20世纪90年代开始,各州对学区的转移支付在区域配置的基础上,已经越来越多地综合考虑与其他学区的差别,例如低的入学率、交通和基建状况,并给予额外的补助。Julie Berry Cullen等(2003)通过3篇文章,以Michigan为例,对美国的K-12教育财政改革进行了详细的论述,Michigan在1994—1995学年开始实施proposal A,改革源于对学区财产税负担较重与学校对支出公平的关心,并改变了公立学校的财政来源,州的税收体制进行了大的调整,改革后资金的主要来源从地方财产税变为州销售税,并将财权集中到州政府,学区的贡献主要是非房产的财产税,教育资助系统也从保证税基补助转为基数补助。另外,基数补助并不是一刀切的一个标准,而是根据各学区的经济情况,分为了三个标准,州政府只是统一规定上限额,根据每年税收的一定比率进行调整。

由于地区之间客观存在着教育资源的不均衡,因此由地方政府提供基础教育。Fernandez 等(2003)提出要想获得社会期望的教育公平,可以设计地方政府之间的教育负担结构,或者采用财政转移支付手段达到目标。从财政学角度来讲,教育转移支付制度应当有两个基础:首先财政转移支付的目标以公平为基础,缩小地区间教育水平的差距;其次,转移支付的分配标准与教育充足性相关。布朗和杰克逊(2000)指出转移支付制度应当服务于教育有两个理由:一是空间上的外部性,二是促进地区公平。

1.3 数据及关键概念的说明

1.3.1 数据说明

本文收集并整理了1998—2011年间高中教育经费投入相关数据,并在此基础上搜集整理了2007年地市和县级合计数据。其中,省级经济和人口数据来源于国家统计局历年《中国统计年鉴》,财政数据来源于财政部历年《中国财政统计年鉴》,教育经费相关数据来自于教育部历年《中国教育经费统计年鉴》,普通高中教育统计数据来自于教育部历年《中国教育统计年鉴》,民办高中教育相关数据来自于历年《中国教育年鉴》。2007年市县数据中财政数据源于财政部历年《地市县财政统计资料》,人口数据来自于公安部发布的《全国分县市人口统计资料》,教育经费、学生数等数据则来自于教育部统计资料。

文中相关的人均经济变量、人均财政变量和生均经费变量均按照1998年的全国平均价格做了相应的物价调整,并进行了对数化处理。

1.3.2 对几个核心概念的界定

1. 教育成本

舒尔茨在1963年出版的《教育的经济价值》一书中首次提出了"教育全要素成本",并将其分为教育服务成本和学生因上学而产生的机会成本,指出其中的教育服务成本包括政府的教育拨款和个人承担的学费。科恩

(1979)进一步将教育成本分为直接成本和间接成本,直接成本为学校提供教学服务的成本和学生的生活成本,间接成本为学生因上学而放弃的收入、学校享受的税收减免,用于教育的土地等租金收入。维泽(Vaizey)指出舒尔茨分析教育成本的资料源于"学校经费"的统计,而"学校经费"并未包括全部的成本内容,但又包括一些并非教育成本的内容(袁连生,2000 年)。莱文(Levin,1983)和曾满超(Tsang,1988)认为,从经济分析的角度,教育投入成本最合适的定义是机会成本,它可以通过在其他最佳使用状态下的价值来衡量。因此,教育的实际成本不仅包括公共教育经费,也包括私人成本。王善迈(1996)认为,教育成本是"用于培养学生所耗费的教育资源的价值,或者说是以货币形态表现的,培养学生由社会和受教育者个人或家庭直接或间接支付的全部费用"。

2. 教育成本和教育经费

袁连生(2000)在综合国内外对教育成本研究的基础上,较为详细地论述了教育成本的概念和分类,他认为"教育成本的本质是为使受教育者接收教育服务而耗费的资源价值,它既可以表现为教育资源的购买价格,也可以表现为因资源用于教育而造成的价值损失。前者称之为货币成本,后者称为间接成本"。按照教育成本的概念,与我们统计意义上的教育经费是有一定区别的。

教育经费按照收入来源包括国家财政性教育经费、民办学校举办者的投入、社会捐赠收入、事业收入和其他收入。按支出口径分为事业型经费支出和基建支出两部分。刘泽云(2008)指出教育经费与教育成本密切相关,但又有所区别。具体来说,教育经费中学生资助部分并不计入教育成本,但却是我们研究成本分担需要考虑的政府分担的一部分,教育经费同样也缺少教育成本部分指标,教育经费中并未包含隐性成本和除学杂费之外的家庭支出成本。

3. 教育成本分担理论

成本分担这一术语最早用于教育是在美国加州,1960 年,加州制定了著名的《高等教育规划纲要》(Master Plan for Higher Education)①,对该州高等教育的目标和达到目标的战略措施做出了纲领性规划。其中明确指出高等

① Coons, Arthm G, et al. A master plan for higher education in California (1960 - 1975) [R]. Sacramento: California State Department of Education, 1960.

教育成本应由政府和学生共同分担,但是,州政府应该承担高等教育的主要责任,学生承担部分教学成本,并规定了学费的标准及使用。

教育成本分担理论最初是由约翰斯通提出来并用于解释高等教育成本分担的,根据约翰斯通的解释①,教育成本分担的参与方包括政府、家庭、学生以及个人或机构捐赠者四方。其理论依据是从效率角度出发,引入市场机制,增加竞争,提高高等教育的质量,也就是受益原则,谁受益,谁承担成本;另一依据则是从公平角度出发,将一部分成本转移到有能力支付学费的家庭,并对无力支付学费的低收入家庭给予资助,也就是能力原则,依据个人支付能力确定个人负担比例。约翰斯通的教育成本分担概念更多的指出教育成本的主体以及成本分担的原则,并未分析和解释教育成本分担的理论基础。

由于成本信息不可得,而教育经费的数据是可得的,实际上本研究的成本分担是教育经费的分担结构,作为教育经费的两大分担主体,我们使用教育经费中财政性教育经费占比表示政府分担比例,使用学杂费占比近似表示个人分担比例来考察我国普通高中教育的成本分担结构。对于层级政府分担结构,主要考察财政分权体制下地方政府对普通高中教育努力程度的差异,即政府对普通高中教育的投入偏好,我们使用普通高中财政性教育经费占地方财政性教育经费的比例来表示政府对普通高中教育的偏好。

1.3.3 研究的创新和不足

本研究的创新之处在于以往学者们对成本分担的研究集中在高等教育领域,对普通高中的聚焦大多只是就成本分担中某一层面出现的问题进行研究。本文创新性之处在于:第一,从理论到实证分析,翔实而系统地研究了我国普通高中教育的成本分担。使用公共经济学、政治经济学、微观经济学、制度经济学以及教育财政的相关理论和模型,运用多年面板数据分析了成本分担结构产生的原因和影响。第二,从普通高中教育供给和需求两方面分析普通高中教育的成本分担结构,不仅考察了政府分担比例,还分析了

① JohnStone B. Sharing the costs of higher education: student financial assistance in the United Kingdom, the FederalRepublic of Germany, France, Sweden, and the United States[M]. New York: The College Board, 1986.

不同层级政府偏好差异的原因；对需求方的考察则是从分担和补偿的角度出发，分析了家庭的负担能力。第三，不仅分析了成本分担的两大分担主体，创新性地将政府对普通高中的投入偏好引入研究，实证分析了财政分权体制下层级政府对普通高中教育偏好差异的原因。

研究的不足之处首先在于由于没有普通高中教育成本的数据，实际上是针对教育经费的政府和个人负担部分，而教育经费与教育成本是有差异的，对于个人家庭负担成本只涉及学生的普通高中生活费用。第二，关于家庭对普通高中学生费用的负担分析中使用了人均现金消费性支出，实际上包含了家庭的教育支出，所以在评估家庭支付能力时会高估家庭支付困难的程度。第三，使用高中学生一本升学率表示了高中教育的产出质量，其问题在于高校对各省的招生本身就是不均衡的计划招生，但是目前还找不到更合适的变量表示产出质量，这也是本文的遗憾之处。

第 2 章　高中阶段教育发展的基本特征及变化趋势

2.1　引言

按照联合国教科文组织通行的对不同教育水平的分类，高中阶段教育是中等教育的高级阶段，同时也是走向高等教育或者就业的过渡期。很多发达国家的高中阶段教育早已纳入义务教育之中，而《国家中长期教育改革和发展规划(2010—2020)》中明确指出，到 2020 年，普及高中教育，毛入学率 2015 年达到 87% ,2020 年达到 90% 。

小学教育和普通中学教育(初中和高中)统一被称为基础教育，而基础教育作为整个教育的关键和基础部分，其发展程度对于一个国家的知识储备和经济发展有着重大的意义。早在 1999 年，教育部就在政策文件中提出了普及高中阶段教育，“城市和经济发达的地区要有步骤地普及高中阶段教育，满足初中毕业生接受高中阶段教育的需求。已经基本普及高中阶段教育的地方，要优化教育结构和教育资源配置，进一步提高教育质量和办学效益。要处理好普通高中的发展与中等职业教育发展的关系，各省、自治区、直辖市可以根据本地经济、社会发展实际，逐步优化高中阶段教育结构，促进普通高中教育与中等职业教育的协调发展”(教基[1999]12 号)。由于高中阶段教育包含普通高中和职业高中两部分。就中等职业教育而言，2010 年教育部出台了职业教育的两年行动计划，目标是保证中等职业教育年招生规模与普通高中教育大体相当，逐年增加中等职业学校教师数量，力争使全国专任教师平均生师比达到 20∶1。在学费方面，根据财教[2012]376 号文件，从 2012 年秋季学期起，对公办中等职业学校全日制正式学籍一、二、三年级在校生中所有农村(含县镇)学生、城市涉农专业学生和家庭经济困难学生免除学费(艺术类相关表演专业学生除外)。

2.2 我国高中阶段教育发展模式对比

“两基”目标初步实现之后的几年中,全国各地把教育现代化作为地方社会经济发展的重要基础工程,同时把提高“人均受教育年限”作为教育发展的重要目标,因此普及高中阶段教育成为这一时期基础教育发展的首要工作。虽然我国初步具备了实现普及高中阶段教育的经济社会基础和教育自身发展基础,但由于我国经济社会发展的地区差异、巨大的人口压力以及教育经费投入不足等客观条件的限制,要实现普及高中阶段的目标,还面临着相当多的问题与难点。本文从各地普及高中阶段教育的政策入手,对全国各地制定的目标、政策及采取的措施进行分析,总结出以下 4 种不同地区发展政策的基本模式。

2.2.1 模式一:分级办学,扩大办学规模和优质教育资源

在 1994 年国务院关于《中国教育改革和发展纲要》实施意见中,具体提出了普及高中阶段教育的政策措施,即普通高中可根据各地的需要和可能适量发展。到2000 年普通高中在校生要达到850 万人左右。每个县要面向全县重点办好一两所中学。全国重点建设 1 000 所左右实验性、示范性的高中。

北京、上海、广州等大城市市区和沿海经济发展程度较高地区经济基础较好,教育投入和办学条件能够保证,在普及高中阶段教育的政策上着重于改革办学模式。上海市自 1995 年起,全市实行重点中学初、高中分离办学,有效地扩大优质高中的教育资源;新建一批寄宿制高中;重点建设 10 所现代化标志性中等职业学校和 100 所规模大、效益高、质量好的重点骨干职业技术类学校,中等职业学校的办学规模、效益和质量明显提高;鼓励优质民办高中建设。在 2002 年,上海全市高中阶段录取率达到 98.45%,领先全国平均水平 45 个百分点,全面实现了普及高中阶段教育目标。北京市房山区也于 1994 年开始着力普及高中阶段教育工作,成立了由区规划、财政、人事、教育等部门领导组成的“普及高中阶段教育办公室”,区政府主管副区长为主任,定期联合办公。同时明确本区基本普及高中阶段教育的思路:稳步、适度发展普及高中,大力发展职业高中,积极为中专、中技学校输送初中毕业生,形成以职教为主渠道,其他各类学校并举的格局。广州市进一步完

善"分级办学、分级管理"的体制。确定学校布局和专业分布,认真办好区、县(市)属完全中学和一所职业培训中心、两所职业技术教育骨干学校等,加快校舍建设,筹措建校资金。同时加快高中阶段师资的培养,外引内培。

这种普及高中阶段教育的发展模式适用于经济发达地区,在保证教育投入和办学条件的前提下,重点分离初、高中教学,实行分级办学、分级管理。大大提高了普及高中阶段教育的效率,成效十分明显,上海、东莞等发达地区都在全国率先完成全面普及高中阶段教育的目标。

2.2.2 模式二:政府导向型——"公办民助"模式

在除大城市市区和沿海经济发达地区外,东部地区建立了改革初高中办学体制的普及高中阶段教育的发展模式。在进行分级办学的同时,加大改革初高中办学体制的力度,扩大普通高中和职业高中的招生比例。

河北省政府于 2001 年确立了到 2005 年全省高中段毛入学率达到 60%左右,到 2010 年高中段毛入学率达到 85%的教育发展总体目标,制订了办学体制、模式改革,多渠道筹措发展资金等主要措施。辽宁省在 2001 年做出了在未来 10 年内即到 2010 年大力普及高中阶段教育的目标,具体措施有 5 个方面:一是提供优惠政策,鼓励多种形式办学;二是调整招生政策,适度扩大招生比例;三是做好培养培训工作,确保教师队伍的数量和质量;四是加强示范性高中建设,扩大优质高中教育资源,带动高中教育的全面发展;五是深化教育改革,提高教育质量。2001 年,浙江省委、省政府提出了在 2005 年基本普及从学前 3 年到高中段的 15 年教育发展目标,通过初高中分离、市中心公办高中校产置换、公办高中"国有民办"体制改革以及以政府或教育行政部门组建的教育发展公司筹措资金 4 种模式激活高中办学机制,扩大高中阶段教育规模,增加优质高中资源。

这种模式是模式一的进一步发展,对办学体制和模式进行改革,发展"公办民助""国有民办"高中段学校,在职业学校与企业、行业之间采取多种形式联合办学,同时鼓励普通高中和中等职业学校举办普通教育与职业教育相互融通的综合高中。2002 年,上海全市高中阶段入学率达到 98.45%,领先全国平均水平 45 个百分点,提前实现普及高中阶段教育的目标。2004 年秋,浙江已经基本普及了从学前 3 年到高中段的 15 年教育,成为全国第一个基本普及 15 年教育的省份。

2.2.3 模式三:市场导向型——多渠道筹集教育经费、改革教育资源配置方式的教育市场化发展模式

以湖南、四川等为代表的中部地区积极普及高中阶段教育,采取教育市场化的发展模式,主要集中在对教育经费的多渠道筹集方面和改革教育资源配置的方式上,强调依靠市场机制来调节教育资源配置,实行以社会办学、民办高中等形式的教育市场化改革。

山西省左权县加大高中学校的资金投入,多渠道筹措教育经费,每年集中财力解决校舍设施配套方面的重点项目,提高全县高中学校的教学条件。深化改革,加强教师队伍建设。开通绿色通道,全县发放高中阶段学生助学金。湖南省颁布《关于加快普通高中教育改革与发展的意见》,明确要求到2010年全省基本普及高中阶段教育,并要求城市和经济较发达地区到2007年基本普及高中阶段教育,要改革教育资源配置方式,引入市场机制配置教育资源,广泛吸纳社会资金办学,大力发展民办高中阶段教育。四川成都加大教育投入,基本形成以财政拨款为主,多渠道筹措教育经费的机制,大力改善办学条件,同时整合资源,调整布局,不断优化校点结构。

教育市场化模式重点在普通高中教育方面突出建立稳定的经费保障机制,在职业教育方面突出增强职业教育服务社会经济的功能,为中部地区实现全面普及高中阶段教育的目标做出了重要贡献。山西省左权县于2006年在全省率先普及高中阶段教育,2008年全县高中阶段教育入学率已经达到90.43%,普通高中与职业高中招生之比达到了1:1.002,形成了普通高中教育与职业高中教育协调发展的格局。四川省成都市在2005年基本完成了全市普及高中阶段教育目标的任务,全市所有区(市)县初中毕业生升学率均达到了85%以上。

2.2.4 模式四:特定县、市重点普及高中阶段教育,以部分带动整体的模式

陕西省吴起县实施三年免费教育,推进义务教育的均衡发展,普及学前教育和高等教育,以及职业技术教育,目前高中阶段的教育普及率已经超过了96%。陕西省榆林市的神木县作为陕西省第一经济强县和中国第一产煤大县,切实将教育放在优先发展的地位,2007—2008年开始实施的"十大民

生工程”中,有一项就是教育优先工程。从 2008 年起,神木县全面实行城乡 12 年免费教育,从小学到高中,学费、杂费、课本费、住宿费全免,彻底实现教育“零收费”,并且在校学生每人每天补助一定数额的午餐费。2009 年,全县投放于免费教育的费用达到了 3.65 亿元。贵州省凯里市加大“普高”的宣传力度,加大基础设施投入力度,加大教师的补充力度,完善贫困学生救助机制,率先实施普及高中阶段教育。宁夏回族自治区继 2009 年银川市、石嘴山市市区基本“普高”,2010 年银川市、石嘴山市所辖县(市),吴忠市利通区、青铜峡市等基本“普高”后,继续加大全区“普高”力度,力争 2012 年实现全区基本普及高中阶段教育。甘肃、广西、云南等省也制定了教育发展政策,加快实现在“十二五”期间完成基本普及高中阶段教育的发展目标。

我国各个地区的经济、社会和文化差异使具体区域的高中阶段教育的政策制定与实施都面临着不同的问题,在教育发达的江苏地区和经济发达的广东地区,普及高中阶段教育早已实现,然而在西部,普及高中阶段教育这个目标的实现仍存在着困难。贵州、陕西、宁夏等西部地区制定了地区中长期教育改革和发展规划纲要的同时,采取了部分带动整体的政策实施模式,以区域内某一个或多个地区为重点发展对象,先在该地区普及高中阶段教育,进而逐步在全省、自治区内全面普及高中阶段教育。

由于我国地广人多,地区间经济社会发展存在着较大的不平衡性,部分经济发达的地区已经做出了实施高中阶段免费教育的尝试,也积累了很多成功经验。这些成功案例表明,义务教育除了和地区经济发展有较大关联性之外,当地政府对教育的重视和努力程度也在很大程度上决定了当地教育的发展。这些成功实践,为我国发展高中阶段义务教育的逐步实施提供了有益尝试和借鉴。

我国部分地区在实施高中阶段免费教育方面进行了有益的探索和实践。从 2007 年秋季起,珠海市对本市户籍的中小学生实行 12 年免费教育,高中教育阶段免学费。这一措施使高中阶段的入学率从原来的 88% 上升到现在的 97%,受到群众的普遍欢迎。宁波市鄞州区从 2008 年秋季起,全区普通高中实施免费教育,全面实现 12 年免费教育。江苏、河北唐山也在逐步推行。这些地方 12 年免费教育的成功实践,为我国发展高中阶段免费教育提供了有益借鉴。

2.3 高中阶段教育发展条件差异

2.3.1 高中阶段办学条件现状分析

国家教育发展规划纲要中规定保持普通高中和中等职业学校招生规模大体相当。从2006—2010年的数据来看，普通高中学校数与在校生数都有所减少，而中等职业教育学校数和招生数都有所增加。2010年我国高中阶段共有学校28 584所，其中普通高中14 712所，较2006年减少2 095所，中等职业学校13 872所，较2006年增加2 059所。普通高中学校分布状况中，城市、县镇、农村的比例分别为37%、50%、13%。在校生人数如图2－1所示，2010年普通高中在校生人数达到2 427.34万人，较2006年减少87.16万人。中等职业教育达到1 816.44万人，较2006年增长327.37万人。

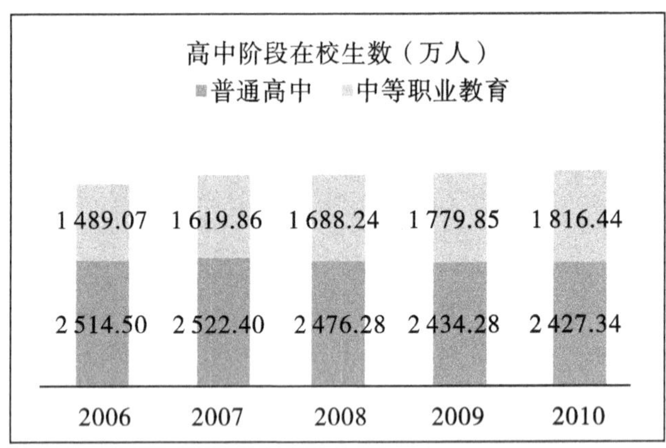

图2－1　2006—2010年高中阶段在校生数

为了更好地分析我国高中阶段办学条件现状，本文参照以往对义务教育与高等教育办学条件相关研究与《中国教育统计年鉴》的指标，将办学条件分为校舍用地、仪器设备、图书3个方面，选取了生均学校占地面积、生均教学辅助用房、生均危房面积、校均运动场面积、生均仪器设备总值、百名学生中拥有计算机台数、生均普通图书和生均电子图书这8项指标进行分析。

(1)校舍用地

本文在校舍用地方面选取了生均学校占地面积、生均教学辅助用房、生均危房面积、校均运动场面积这4个指标。生均学校占地面积决定了学校可能的发展空间，生均教学辅助用房衡量了学生实际的教学活动可用空间，生均危房面积则展现了学校建筑的基本安全状况,校均运动场面积则表现了学生可以进行体育活动的状况。从2006—2010年的数据来看,普通高中的办学条件比职业高中的要好,其中以校均运动场面积这一指标为例,2010年普通高中是中等职业学校的2.5倍。

从表2-1可知,从2006—2010年,普通高中在校舍用地方面,除了生均危房面积从2006年的0.1平方米增加到0.89平方米以外,其他方面在一定程度上都有所改善,生均校舍面积增加了3%,生均教学辅助用房面积增加了13.9%,年均增长3.3%,生均危房面积增加了11%,校均操场面积增加了8.3%;中等职业学校在校舍用地方面没有改善,反而有所倒退,生均校舍面积减少了13.19%,年均减少3.6%,生均教学辅助用房几乎没有变化,生均危房面积从0.06平方米增加到0.35平方米,校均运动场面积减少了12.9%。

由于普通高中没有全国的设置标准,因此本文只对中等职业教育部分进行了比较。参照2010年《中等职业学校设置标准》,在校舍用地方面,中等职业学校生均学校占地面积应不低于33平方米,2010年中职学校生均学校占地面积只有28平方米,尚未达标;学校应有200米环形跑道,折合面积约为3 183平方米,2010校均运动场面积为5 521.66平方米,全面达标。

表2-1　2006—2010年高中阶段生均校舍用地

学校类型	年份	生均学校占地面积（平方米）	教学辅助用房（平方米）	生均危房面积（平方米）	校均运动场(平方米)
普通高中	2006	35.83	5.54	0.10	12 914.85
	2007	35.84	5.69	0.12	13 161.66
	2008	36.75	5.90	1.21	13 147.03
	2009	37.17	6.19	1.08	13 578.05
	2010	37.22	6.31	0.89	13 991.05
中等职业学校	2006	32.67	5.00	0.06	6 336.22
	2007	31.24	4.95	0.07	6 509.43
	2008	30.80	4.98	1.21	6 676.50
	2009	28.00	4.69	0.42	6 714.32
	2010	28.36	4.96	0.35	5 521.66

资料来源:2006—2010年《中国教育统计年鉴》,高中阶段教育不包括成人高中,中等职业学校不包括技工学校。

(2)仪器设备

本文的仪器设备方面选用了生均仪器设备总值与百名学生中拥有计算机台数这两个指标。这两个指标可以反映高中阶段教育现代化的程度,对于普通高中来说,仪器设备是研究性学习的必要保证。而中等职业教育的教学活动离不开仪器设备,尤其是工科类和医药类专业。

从表2-2中可知,从2006—2010年,生均仪器设备都有所增长,普通高中从生均1 300元上升至1 600元,增长了23%,年均增长率为5.3%。职业高中从生均1 800元上升至2 200元,增长了22%,年均增长5.1%。百名学生中拥有计算机台数并没有明显变化。

2010年《中等职业学校设置标准》规定工科类专业和医药类专业生均仪器设备价值不低于3 000元,其他专业生均仪器设备价值不低于2 500元,学校计算机拥有数量不少于每百名学生15台,由此可见中等职业学校仪器设备现状和《中等职业学校设置标准》还有一定的距离。

表2-2 2006—2010高中阶段生均仪器设备

学校类型	年份	生均仪器设备总值(万元)	百名学生中拥有计算机台数
普通高中	2006	0.13	10.58
	2007	0.13	11.10
	2008	0.14	11.88
	2009	0.15	10.41
	2010	0.16	10.93
中等职业学校	2006	0.18	12.44
	2007	0.19	12.79
	2008	0.20	13.43
	2009	0.20	12.35
	2010	0.22	12.79

资料来源:2006—2010年《中国教育统计年鉴》,高中阶段教育不包括成人高中,中等职业学校不包括技工学校。

(3)图书

在图书方面,本文选取了生均普通图书和生均电子图书这两个指标。从表2-3可知,2006年至2010年,普通高中阶段生均普通图书从22.52本增加到 25.83 本,生均电子书片数有较大的波动,可能造成的原因是电子图书存储介质发生变化。中等职业学校生均普通图书册从生均 21.12 册下降致生均 18.88 册,生均电子图书片数也有较大波动。

2010 年《中等职业学校设置标准》中对生均图书册数的要求为 30 册,如果按照现在中等职业学校生均普通图书拥有量与 2010 年中等职业学校学生数来计算,全国中职院校图书总量缺口达到约 2 亿册。

表 2-3　高中阶段生均图书

学校类型	年份	生均普通图书(册)	生均电子图书(片)
普通高中	2006	22.52	3.18
	2007	23.27	4.99
	2008	24.23	5.08
	2009	25.32	0.47
	2010	25.83	0.58
中等职业学校	2006	21.12	2.50
	2007	19.90	5.11
	2008	19.26	4.90
	2009	18.74	0.56
	2010	18.88	0.48

资料来源:2006—2010 年《中国教育统计年鉴》,高中阶段教育不包括成人高中,中等职业学校不包括技工学校。

2.3.2 省际高中阶段办学条件差异分析

在衡量省际差异时,本文选取了变异系数、基尼系数与泰尔系数。变异系数是反应数据离散程度的绝对值,基尼系数对中等水平数值的变化特别敏感,泰尔指数对上层水平数值的变化很明显,因此具有互补效果。

从 2006—2010 年,在校舍用地方面,生均学校占地面积的省际不平等状况有了较大改善,普通高中与中等职业学校的基尼系数分别下降了 17% 和 26%,生均教学辅助用房与生均危房面积的省际不平等程度增长迅速,尤其中等职业教育的生均教学辅助用房的泰尔系数增长程度达到 105%,校均运动场的不平等变化程度并不是很大。在仪器设备方面,生均仪器设备与百名学生拥有计算机台的省际不平等程度数都有了较快的增长。在图书方面，普通高中生均电子图书的省际不平等增长速度要大于中等职业学校，其基尼系数增长幅度分别为41%和26%。

通过表2-4可以得出以下结论：(1)除生均学校占地面积的不平等程度有所降低外，其余7个指标的不平等程度都有所提高。(2)不平等程度提高的指标中，虽然不平等程度并不是很高，但是提高速度很快。例如，中等职业学校生均普通图书的基尼系数从0.138上升到0.194，虽然数值不高，但却增长了41%。(3)总体来说，中等职业学校的不平等程度增长速度要略高于普通高中。

表2-4　2006—2010年高中阶段办学条件省际差异

		普通高中			中等职业学校		
		2006	2010	变化趋势	2006	2010	变化趋势
生均学校占地面积	变异系数	0.368 41	0.259 23	-30%	0.351 98	0.250 13	-29%
	Gini 系数	0.174 35	0.144 58	-17%	0.184 52	0.137 38	-26%
	Theil 系数	0.055 68	0.032 02	-42%	0.055 73	0.029 37	-47%
生均教学辅助用房	变异系数	0.247 4	0.331 03	34%	0.164 64	0.238 41	45%
	Gini 系数	0.138 11	0.160 21	16%	0.091 63	0.129 76	42%
	Theil 系数	0.029 06	0.046 15	59%	0.012 95	0.026 51	105%
生均危房面积	变异系数	1.067 04	1.431 19	34%	1.057 25	1.514 17	43%
	Gini 系数	0.513 13	0.624 8	22%	0.509 93	0.620 83	22%
	Theil 系数	0.456 36	0.706 48	55%	0.444 57	0.724 21	63%
校均运动场	变异系数	0.202 99	0.229 69	13%	0.290 33	0.310 94	7%
	Gini 系数	0.111 99	0.126 84	13%	0.159 6	0.167 44	5%
	Theil 系数	0.019 79	0.025 38	28%	0.039 46	0.044 62	13%
生均仪器设备	变异系数	0.449 27	0.713 57	59%	0.374 71	0.562 02	50%
	Gini 系数	0.227 98	0.259 28	14%	0.193 45	0.247 86	28%
	Theil 系数	0.086 36	0.157 12	82%	0.062 49	0.117 36	88%
百名学生拥有计算机台数	变异系数	0.527 22	0.798 97	52%	0.280 31	0.413 58	48%
	Gini 系数	0.225 97	0.294 69	30%	0.150 09	0.195 37	30%
	Theil 系数	0.104 19	0.201 5	93%	0.037 26	0.072 1	94%

续表

		普通高中			中等职业学校		
		2006	2010	变化趋势	2006	2010	变化趋势
生均普通图书	变异系数	0.435 25	0.567 76	30%	0.254 33	0.380 62	50%
	Gini 系数	0.209 37	0.247 16	18%	0.138 28	0.194 51	41%
	Theil 系数	0.077 75	0.120 57	55%	0.030 04	0.066 14	120%
生均电子图书	变异系数	0.668 38	0.825 95	24%	0.724 99	0.872 04	20%
	Gini 系数	0.325 95	0.459 29	41%	0.378 68	0.478 66	26%
	Theil 系数	0.179 87	0.363 36	102%	0.245 94	0.398 73	62%

资料来源:2006—2010 年《中国教育统计年鉴》,高中阶段教育不包括成人高中,中等职业学校包括技工学校。

通过以上的分析,可以得出以下结论:从 2006—2010 年总体来看,普通高中办学条件稍有改进,这主要表现在教学辅助用房、普通图书及运动场这三个方面;中等职业教育办学条件有所倒退,主要表现在占地面积、普通图书及运动场这三个方面。而这种变化的原因可能主要来源于学校数与学生数的变化。5 年间高中阶段办学条件极有可能处于一种基本停滞状况。从省际差异来看,尽管办学条件不平等程度还不是很高,但是除学校占地面积外,不平等程度增长迅速。

2.4　高中阶段普及趋势分析

2.4.1 描述性统计

学者们目前对于高中阶段教育的研究主要集中在三个方面:一是升学率问题,影响初中升学率和学生选择中职或普通高中的因素分析(孙志军,2011,2012);二是普通高中的经费投入和分担、学费及学生资助等方面的分析(刘泽云,2008;李芙蓉,2008;杨钋,2009;宗晓华,2012);三是关注中等职业教育的发展,从 2002 年开始,一系列的促进中等职业教育发展的政策出台,使得中等职业教育迅速发展,因此,很多学者聚焦于中职教育发展中出现的问题(邱晓健,2009;高寅波,2013)。本文主要分析以普及程度衡量的各省高中阶段教育发展状况。一般情况下,某一阶段教育的普及程度主要以毛入学率作为衡量指标。

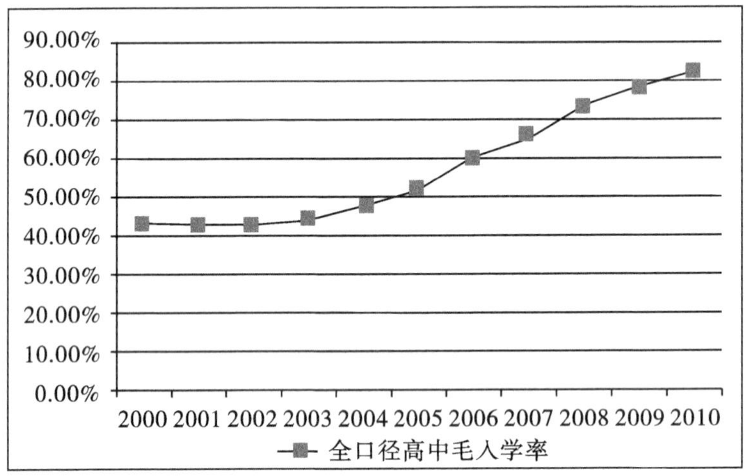

图 2－2　全口径高中阶段毛入学率

注:数据来自 2010 年《中国教育统计年鉴》,人民教育出版社,2011 年。

从图 2－2 明显可以看到,从 2003 年开始,我国的高中毛入学率开始迅速增加,从 2003 年的 43.8% 增加到 2008 年的 74%,随后增速有所下降,到 2010 年全口径高中毛入学率达到 82.5%。由于缺乏各省高中毛入学率的数据——初中升学率表示初中毕业生继续高中阶段教育的比例,也可以代表高中教育的发展水平,因此我们使用初中升学率替代高中毛入学率:升学率越高,表明高中阶段教育发展水平越高,选择继续接受非义务教育的学生越多。

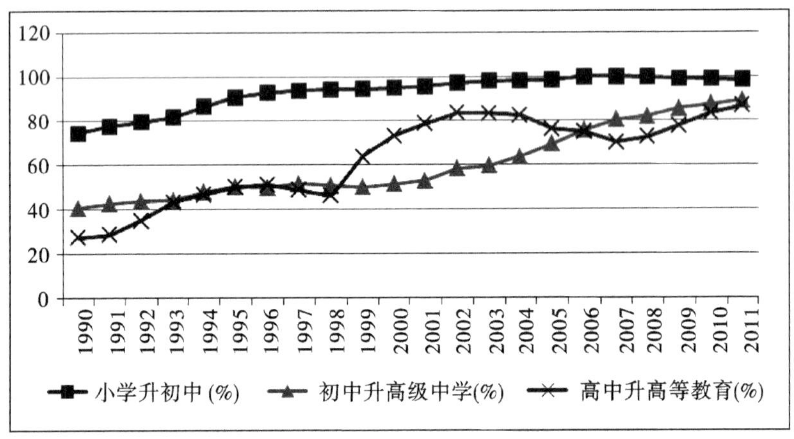

图 2－3　1990—2011 年各级学校毕业生升学率

注:数据来自 1990—2011 历年《中国教育统计年鉴》。

从图2-3可以看出，我国初中升高中的比例在2000年之后有了显著的增加，尤其是2003年之后，升学率从59.6%上升到2007年的82.1%，之后增速有所放缓，到2011年，升学率达到86.5%。升学率与毛入学率呈现出相似的特征，进一步验证了我们使用初中升学率替代高中毛入学率的合理性。

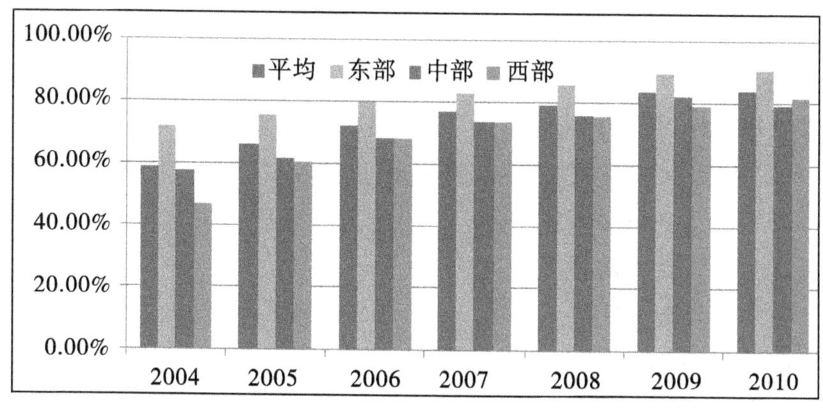

图2-4　分区域普通初中升学率

注：数据来自2004—2010历年的《中国教育统计年鉴》。

总体来说，我国高中阶段教育发展良好，图2-4分区域考察升学率发现，对全国升学率提高有突出贡献的实际是西部各省，东部一直处于领先水平，稳定增长；西部和中部一直未达到全国平均水平，西部由落后到2007年逐步赶上中部并超越中部，由此可以看出西部各省高中阶段教育的发展速度。2010年，东部初中升学率已达90.4%，中部最低，为79.1%。

2.4.2 高中阶段教育普及发展程度分析的模型和数据

1. 模型设定

一般来说，教育发展水平受经济发展水平的制约，从前文描述性统计分析可以看出，东部发达地区的初中升学率一直处于领先水平。在确定模型之前，首先考察经济发展水平与升学率和普通高中生均预算内事业费的相关关系。一般来说，一国或一个地区的教育经费会受到经济发展水平（如人均GDP）和教育规模（如升学率、在校生人数）等方面的影响。前者影响教育经费的供给，后者决定了教育经费的需求。因此，教育经费投入一般来说，既要和教育经费的供给水平相协调，也要与教育的需求水平相适应。

表 2－5 人均 GDP 与初中升学率、生均预算内事业费的相关性

相关性	升学率	人均 GDP	相关性	人均 GDP	生均预算内事业费
升学率	1.00		人均 GDP	1.00	
人均 GDP	0.70	1.00	生均预算内事业费	0.88	1.00

从表 2－5 的相关系数分析可以看出，一个地区的经济发展水平与其初中升学率相关性很强，此外经济发展水平越高，普通高中的生均预算内事业费也更多。因此，本文首先建立经济发展水平与普通初中升学率的模型，以得到各省不同经济条件下初中升学率的最优拟合值（注：这里不考虑财政性经费及高中阶段教育的投入问题，只考察各省在已有的经济发展水平之下应有的高中阶段教育发展水平）。使用各省的经济状况指标和人口结构指标做解释变量，使用普通初中升学率作为被解释变量，从而拟合出各省的普通初中升学率回归线。由于高中阶段分为普通高中和职业高中，因此分别加入普通高中和中职在校学生数作为控制变量，考察经济发展水平与升学率的关系。

为了单独考察不同经济发展水平下的最优初中升学率，设定基本模型为：

$$y_{it} = \beta_0 + \beta_1 lnrjgdp_{it} + \beta_2 X_{it} + \alpha_i + u_{it}$$

y_{it}表示第 t 年份 i 省的初中升学率，$lnrjgdp_{it}$为各省人均 GDP 的对数，X_{it}为人口的控制变量，表示地方总人口，a_i 表示各省不随时间而变的非观测效应，u_{it}为特异误差项。

高中阶段教育的发展分为数量的普及和质量的加强，我们假设一个地区的经济发展状况与其高中阶段教育的普及程度会呈现"倒 U 型"关系。经济发达地区的高中阶段教育普及程度较高时，会更注重学校的质量和多样化，因此加入人均 GDP 的平方，进一步考察两者的关系，以便于做出正确的判断。

本文主要考察的是各省的高中阶段教育发展水平，从以上模型可以得出与各省经济发展水平相适应的最优升学率的拟合值 $\hat{y}_{it}$，用各省实际升学率 y_{it}减去拟合值 $\hat{y}_{it}$，如果高于拟合值，说明当地的高中阶段教育普及程度高于其经济发展水平；如果低于拟合值，说明当地的高中阶段教育与其经济发展水平不相符，应加大普及高中阶段教育，即：

$z_{it}=y_{it}-\hat{y}_{it}$ $z_{it}>0$，表明高中教育普及程度较高；$z_{it}=0$，表明高中教育普及程度与当地经济发展相协调；$z_{it}<0$，表明高中教育发展低于应有的发展水平。

2. 数据说明

实证分析采用2004—2010 年7 年间我国31 个省、自治区和直辖市的相关数据，总样本量为 217 个。本文普通初中升学率数据均由 2004—2010 年《中国教育统计年鉴》中的普通初中毕业生数(不包括职业初中毕业生数)、普通高中招生数和中等职业学校(不包含技工学校)对普通初中生的招生数计算得来。计算公式为：

普通初中升学率 =(普通高中招生数 + 中等职业学校普通初中招生数)/普通初中毕业生数

初中毕业生普通高中升学率 = 普通高中招生数/普通初中毕业生数

初中毕业生中职升学率 = 中等职业学校普通初中招生数/普通初中毕业生数

人均 GDP 数据来源于《中国统计年鉴》，生均预算内教育事业费的数据来源于《中国教育经费统计年鉴》中普通高中生均教育支出部分，人口结构使用的是《中国人口统计年鉴》中各地总人口数，普通高中在校生数和中等职业学校在校生数均来自《中国教育统计年鉴》。为消除通货膨胀和地区物价水平差异的影响，我们借鉴布兰特和霍尔兹的地区价格指数调整方法，对不同时期的人均 GDP 和生均预算内教育事业费按照 2004 年全国平均物价水平进行了调整。为考察增长率，人口、人均 GDP 以及生均经费都使用其对数形式。

2.4.3 模型结果及分析

1. 高中阶段教育普及程度与经济发展水平呈“倒 U 型”关系

根据 Hausman 检验，模型更满足随机效应分析，如表 2 -6 所示。结果显示，人均 GDP 以及人均 GDP 的平方对于普通初中升学率有显著的影响，前者显著为正，后者显著为负，说明初中升学率与经济发展水平确实呈“倒 U 型”关系，即随着经济发展水平的提高，升学率显著提高，高中阶段教育的发展水平逐步提高，但当经济发展到一定阶段，高中阶段教育逐步普及后，升学率稳定缓慢增长,高中阶段教育的发展会逐步从普及过渡到多样化发展和质量方面。

表 2-6 高中阶段教育发展水平拟合

	(1)	(2)
人均 GDP	0.25*** (19.50)	1.595*** (6.65)
人均 GDP 平方		-0.0693*** (-5.60)
总人口	-0.0064 (-0.78)	-0.0100 (-1.31)
_cons	-1.57*** (-8.43)	-8.005*** (-6.91)
模型设定检验结果	re(随机效应)	re(随机效应)
N	217	217

注:括号里给出的是 t 统计量,* $p<0.05$,** $p<0.01$,*** $p<0.001$。

根据模型(1)可以得到 2004—2010 年各省每年普通初中升学率与人均 GDP 的散点图和拟合曲线,如图 2-5、图 2-6 所示:2004 年位于回归线以下的省份比较多,2010 年很多的省份上移,说明这几年的高中教育发展很快。

将高中阶段教育按照高中阶段整体、普通高中和职业高中三部分,根据模型 1 进行拟合,综合考察我国各省高中阶段教育的发展状况,此处主要考察高中阶段教育的普及程度,即数量方面的发展,暂不考虑各地高中的质量。

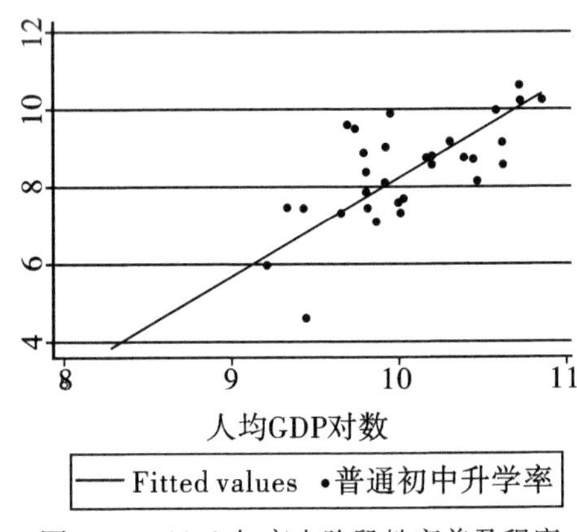

图 2-5 2010 年高中阶段教育普及程度

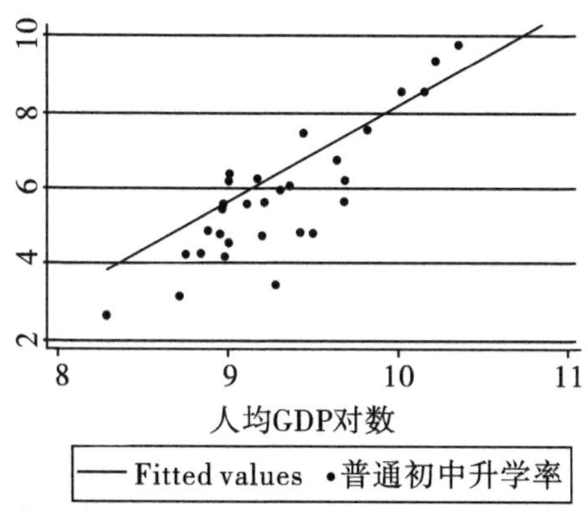

图 2 - 6　高中阶段教育发展水平拟合

从表 2 - 7 可以看出:2004 年,高中阶段教育普及程度高于其经济发展水平的 8 个省份集中在中部和东部,到 2010 年,增加到 12 个省,以中部和西部为主。另外,高中阶段教育普及程度低于其经济发展水平的省份,从 2004 年以西部和东部省份为主,发展到 2010 年以东部和中部为主。进一步验证了模型中升学率与经济发展水平呈现出来的"倒 U 型",尤其是东部省份平均的升学率已达 90% 以上,普及已不再是高中发展的主要任务,这些地区更加注重教育的质量和高中的多样化建设。从中、西部对比情况来看,2010 年西部的初中升学率超过了中部(图 2 - 5),中部高中阶段教育的发展表现出低于经济发展水平的特点(表 2 - 7),一个可能的原因是国家西部大开发政策的实行,对西部投入了大量的人力、物力和财力,另一方面是由于其 2000 年"普九"之后,国家逐步加大了对西部的转移支付, 2003 年之后政府投入比例开始逐步增加,财政性教育经费比例稍有上升,这一系列的政策措施使得西部各省有能力逐步发展高中阶段教育,从而促进了西部高中阶段教育的快速发展。

表 2 - 7　2004、2010 年各省高中阶段教育发展与经济发展水平状况

z_{i2004}	省份(2004 年)	z_{i2010}	省份(2010 年)
第一组 $z_{i2004} > 0$	湖南、内蒙古、上海、北京、江西、湖北、浙江、安徽	第一组 $z_{i2010} > 0$	广西、宁夏、青海、四川、陕西、江西、甘肃、云南、安徽、河北、重庆、内蒙古

续表

z_{i2004}	省份(2004 年)	z_{i2010}	省份(2010 年)
第二组 $z_{i2004}=0$	福建、陕西、山西	第二组 $z_{i2010}=0$	山西、吉林
第三组 $z_{i2004}<0$	新疆、河北、广东、云南、黑龙江、青海、西藏、河南、天津、贵州、广西、重庆、海南、山东、甘肃、江苏、四川、宁夏、吉林	第三组 $z_{i2010}<0$	西藏、江苏、上海、辽宁、黑龙江、新疆、浙江、天津、山东、广东、海南、北京、福建、湖北、湖南、河南、贵州

2. 从结构角度对高中阶段教育发展趋势的进一步讨论

(1)中等职业教育快速发展,普通高中相对缓慢

我国高中阶段教育分为中等职业教育和普通高中教育,各省高中阶段教育的侧重点不同,两类教育的发展也表现出了不同的趋势。从升学率的角度考察(如图 2－7 所示),2004—2010 年间,虽然普通初中中职升学率一直低于其升入普通高中的升学率,但中等职业教育有了显著的发展,从 2004 年的 20.8% 上升至 2010 年的 35%,升学率增加了 14.2%;另一方面,普通高中教育发展相对缓慢,尤其 2005 年之后,升学率增长不到 10%。由此反映出近几年各地对中等职业教育重视的结果,即政府加大了对中等职业教育的投入,提出要合理确定普通高中和中等职业学校招生比例,今后一个时期总体保持普通高中和中等职业学校招生规模大体相当。

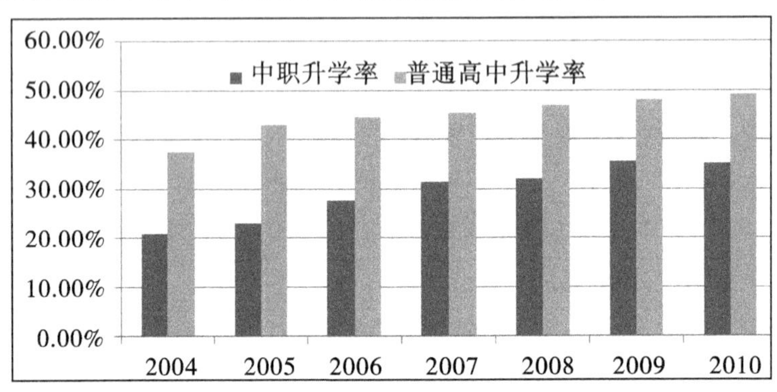

图 2－7 普通初中升入中职及普通高中的升学率

注:数据来自《中国教育统计年鉴》(2004—2010)。

(2)中等职业学校和普通高中的升学率都与经济发展水平呈“倒 U 型”关系

将被解释变量换为初中毕业生进入普通高中和中职的升学率进行考察，其中普通高中在校学生数和中职在校学生数作为人口的控制变量，由于初中升学率与经济发展水平呈“倒U型”关系，因此，同样引入人均GDP及其平方，考察不同类型学校的升学率与经济发展水平是否存在非线性关系。

表2-8　初中升入中职、普通高中升学率与经济发展水平的关系

	(3)	(4)	(5)	(6)
	初中—普通高中升学率		初中—中职升学率	
人均GDP	0.103*** (12.36)	0.719*** (4.26)	0.152*** (16.08)	0.792*** (4.72)
人均GDP平方		-0.032*** (-3.66)		-0.0330*** (-3.82)
普通高中学生数	0.00297 (0.29)	-0.00690 (-0.66)		
中职学生数			0.0151** (2.96)	0.0110* (2.18)
_cons	-0.588*** (-3.82)	-3.431*** (-4.34)	-1.371*** (-14.77)	-4.408*** (-5.51)
模型设定检验结果	re(随机效应)	re	fe(固定效应)	fe
N	217	217	217	217

注：括号里给出的是t统计量，* $p<0.05$，** $p<0.01$，*** $p<0.001$。

如表2-8所示，豪斯曼检验的结果显示，初中升入中职升学率使用固定效应，初中升入普高升学率使用随机效应分析更为恰当。模型结果表现出了与总的升学率类似的趋势，即不论是升入普通高中还是中等职业学校，升学率都表现出了与经济发展水平显著的“倒U型”关系。

从上文分析可以看出，目前我国的高中阶段教育发展呈现出以下特点：总体来说，西部地区的高中阶段教育，不论是普通高中还是中等职业中学都发展迅速，这与西部地区各项免费的教育政策以及对于高中阶段教育的重视和努力程度密不可分；东部地区高中阶段教育已基本普及，发展重点已转向如何提高教育质量方面，更为重视普通高中教育；中西部地区的中职教育发展较好，与其经济发展水平相适应；从初中升学率的角度分析，西部已逐渐赶上并超过了中部地区。

高中阶段教育的发展离不开中等职业教育的迅速发展,尤其是国家加大了对中等职业教育的投入之后,而我国中等职业学校的学生大多来自欠发达地区以及农村,因此,国家对于中等职业教育的重视以及家庭选择的因素,使得中西部地区职业教育的升学率相对提高较多。为了吸引更多的学生选择高中阶段教育,中西部各省都出台了相应的各项免费政策。而发达的东部地区,由于其升学率一直都遥遥领先于中西部地区,因此,其高中阶段教育发展,已经从数量普及过渡到了教育质量——如何扩大优质的教育资源,如何缩小区域间、省内普通高中校际间的差距。普通高中的普及与各地的政策及对普通高中教育的重视程度相关联,从目前来看,各地纷纷在有条件的地方实行普通高中教育免学费政策,为大范围的高中教育免费做准备。从实践来看,西部地区免费力度最大,东部地区相对较少有高中免费的政策。2012 年内蒙古全省普通高中免学费(陕西省也于 2016 年秋季实行高中免学费政策),除少数省份外,大部分省份均有一些县市实行了免费高中的政策或者对于农村及贫困家庭生源实行免学费政策。

第3章 普通高中教育成本分担与补偿制度梳理

首先从现实角度出发,对普通高中教育和财政在发展中的制度变迁进行梳理,因为制度变迁本身具有很强的路径依赖性,因此普通高中教育成本分担结构与相关制度的延续性和政策的变化具有很强的关联性。

普通高中教育本身的发展是成本分担研究的前提和背景,本章首先对自新中国成立以来我国普通高中教育发展的政策要点进行了梳理,我国的普通高中教育发展经历了从重点发展的单一模式,逐步发展到与职业教育规模相当,在当前普及高中阶段教育的背景之下,我国的普通高中教育开始了多样化发展和重视教育质量的改革。因此在对普通高中教育政策发展历程有了清晰的认识之后,利用1998－2010年的统计数据,对普通高中教育的发展进行了详细的描述,使我们从政策到发展特征对普通高中教育的发展有了一定的把握。

在普通高中教育发展的背景下,普通高中教育财政实行成本分担,为了可以更清晰的理解我国的成本分担结构以及出现的问题,分别通过对政府和个人间、层级政府间的成本分担政策进行了梳理。

3.1 普通高中教育的制度变迁

3.1.1 普通高中教育发展的政策变革

1. 重点发展高中,实行重点高中政策(1949—1980)

1949年12月份教育部召开第一次全国教育大会,提出“今后相当长的时期内,发展教育应以普及为主”,会议还草拟了建工农速成中学的方案。1953年,教育部在第二次全国教育大会上明确提出了今后的工作重点,一是加强和发展高等师范教育,一是加强和发展中学,特别是高中,会议探讨了首先办好一批中学和师范学校等问题。[①] 1954年政务院《关于改进和发展

① 新华网,全国教育工作会议,http://news.xinhuanet.com/zhengfu/20010615/641001.htm.

中学教育的指示》明确指出"当前中学教育工作的方针应该是在整顿巩固的基础上,根据需要与可能,作有计划有重点的发展,并积极稳步地提高中学教学的质量","中学教育的发展,是着重发展高级中学,初级中学也要依据可能条件作适当的发展"[①]。"二五"期间,作为五项基本任务的其中一项包括"努力培养建设人才,加强科学研究工作,以适应社会主义经济文化发展的需要"。1961 年教育部对职业学校进行了大规模的缩减,使中等教育中出现普通教育单腿行走的状况。[②] 1962 年发文《关于重点办好一批重点中小学的通知》,据 1963 年 9 月统计,27 个省、市、自治区确定的重点学校为 487 所。在北京、吉林等 9 个省、市、自治区中有 135 所,其中城市 84 所,占 62%,县镇 43 所,占 32%,农村 8 所,占 6%;另有 7 个省、市、自治区没有选定农村中学。[③]

文化大革命期间,1966 年教育部发布《中小学招生、考试、放假、毕业等问题的通知》,指出"中小学招生要贯彻就近入学的原则,划区招生"。而且大批的中职学校停办,使本来就比较薄弱的中等职业教育几乎被摧毁,中等教育单一化。

1977 年随着高考制度恢复,我国开始实行改革开放,与此同时,教育改革和发展开始拉开序幕。经过了 10 年停滞期,当时出现了人才紧缺的现象,1977 年 5 月 24 日邓小平在讲话中谈到"办教育要两条腿走路,既注意普及,又注意提高。要办重点小学、重点中学、重点大学,要经过严格考试,把最优秀的人集中在重点中学和大学"。1978 年经国务院批准,教育部颁发了《关于办好一批重点中小学试行方案》,指出:"切实办好一批重点中小学,以提高中小学的质量,总结经验,推动整个中小学教育革命的发展。"1980 年 10 月,教育部颁发《关于分期分批办好重点中学的决定》,各个县几乎都响应号召,投入人力、物力和财力,重点建设一到两所重点初中和高中。

2. 重点发展中职教育,实行分级办学和管理(1980—1990)

国家经济形势和政治形势的改变,使得教育体制改革进入议事日程。

---

① http://www.chinalawedu.com/falvfagui/fg22598/437.shtml.

② 国家统计局.新中国五十五年统计资料汇编(1949—2004)[G/OL].http://www.stats.gov.cn/tjsj/ndsj.

③ 重点高中政策变迁.http://wenku.baidu.com/view/cc58f50602020740be1e9b87.html.

1980 年《国务院批转教育部、国家劳动总局关于中等教育结构改革的报告的通知》中指出,“中等教育结构改革,主要是改革高中阶段教育”,“应当实行普通教育与职业、技术教育并举,经过调整改革,要使各类职业(技术)学校的在校学生数在整个高级中等教育中的比重大大增长”①。开始把中等职业教育提到议事日程,高中阶段教育的重心开始向职业教育倾斜,以改善职业教育这一薄弱环节。1983 年教育部发文《关于进一步提高普通中学教育质量的几点意见》指出:“当前的一个重要任务是,进一步加强和改革普通中学教育,继续办好重点中学,同时努力把占绝大多数的一般中学分期分批办好,大面积提高教育质量。”②

1985 年,改革开放后的第一次全教会召开,会上发布了《中共中央关于教育体制改革的决定》,明确指出“基础教育的管理权属于地方,要大力发展职业教育”,同时,教育开始了分权化改革。“省以下各级政府的权限,由省、自治区、直辖市政府确定”,“为了保证地方发展教育事业,除了国家拨款以外,地方机动财力中应有适当比例用于教育,乡财政收入应主要用于教育”。按照上述文件规定和相关法律的要求,省级政府进一步将其落实到县(市、区)级政府,绝大多数县对基础教育采取了更加分权化的管理模式,即“三级办学(县办高中、乡办初中、村办小学)、县乡两级管理”体制③。

之后,《国家教委 1987 年工作要点》④中指出:“基础教育工作的重点是加强师资队伍建设,提高教学质量。立督导制度,改革高中、初中招生考试制度,促进中小学教育质量的全面提高。”紧接着,《国家教委 1988 年工作要点》⑤中重点强调了职业教育的重要性,提出“既要切实提高基础教育的质量,又要围绕当地经济建设的实际需要,在基础教育的适当阶段引入某些职业技术教育的成分,发展多种形式和不同层次的职业技术教育和成人文化技术教育。要进一步深化基础教育管理体制的改革,加强县和中等城市政府从当地建设的实际需要出发,对基础教育、中等职业技术教育和成人职业

① http://www.chinalawedu.com/falvfagui/fg22598/413.shtml.

② 教育部[83]教中字 011 号《关于进一步提高普通中学教育质量的几点意见》。

③ 李祥云.我国财政体制变迁中的义务教育财政制度改革[M].北京:北京大学出版社,2008:28.

④ http://www.edu.cn/jybgz_9336/20100121/t20100121_443601.shtml

⑤ http://www.edu.cn/jybgz_9336/20100121/t20100121_443600.shtml

技术培训实行统筹管理的权力和责任。我国经济建设需要大量的初、中级专业技术人才的培养，职业教育仍然是整个教育工作中的薄弱环节。要根据城市和农村建设的不同特点，继续改革中等教育结构，大力发展多形式、多层次的职业技术教育”。《国家教委1989年工作要点》[①]开始把着眼点放在普通高中，“进一步明确普通高中的性质、任务、培养目标，修订教学计划方案。研究普通高中的布局和事业规划，提出进一步办好一批具有较高水平的普通高中的意见”。这一年，开始推广上海市在高中会考基础上改革高考科目的办法。

3. 职业教育发展迅速，教育规模基本稳定(1990—1998)

《中国教育发展和改革纲要(1990—2000)》明确这一阶段普通高中现有的总规模原则上稳定下来，重点放在提高教育质量上。已经普及初中教育的大城市，普通高中规模偏小的，可适当发展；普通高中办得过多和经济落后的地区，应当适当调减规模。1995年，全国各类普通中等职业学校在校生达到939.3万人，比1990年增长55.3%，年递增率9.2%。普通高中在校生713.2万人，比1990年减少4.1万人。各类职业学校在校生占整个高中阶段在校生的比例从1990年的45.7%提高到56.8%[②]。1993年国务院关于《中国教育改革和发展纲要》的实施意见提出“普通高中可根据各地的需要和可能适量发展，到2000年普通高中在校生要达到850万人左右，每个县要面向全县重点办好一两所中学，全国重点建设1 000所左右实验性、示范性的高中”。

“八五”期间，普通高中的基本政策为“现有的总规模原则上稳定，着重提高教育质量。已经普及初中的大城市，普通高中规模偏小的可以适当发展。普通高中办得过多和经济落后的地区，应适当调减规模”。从1991年开始，教育部对于普通高中教育的工作重点始终放在提高教育质量方面。1991年国家教委的工作重点中包括：[③]“积极完善并推行高中毕业会考制度；继续指导各地对初中布局和高中阶段教育结构进行调整；总结高中二年后实行分流和在普通初中与高中引入职教因素的改革经验；开展职业指导的试点工作”。1992年提出“大力推广沈阳等地初中招生改革的经验和有

① http://www.edu.cn/jybgz_9336/20100121/t20100121_443599.shtml.

② 教育部.全国教育事业“九五”计划和2010年规划.

③ http://www.edu.cn/jybgz_9336/20100121/t20100121_443597.shtml.

关省高中招生改革的经验，完善并全面推行高中毕业会考制度。研究相应改革高考制度的方案”。对于重点高中政策，表示要“加强重点高中的工作，研究重点高中端正办学指导思想，全面贯彻教育方针，提高教育质量等有关问题”①。1995年召开了高中工作会议，进一步完善了高中会考制度。将普通高中分为“升学预备教育、综合高中、侧重就业预备教育高中和特色高中”等4种办学模式。

4. 扩大高中规模，普通高中迅速发展(1998—2004)

“九五”计划的目标为大城市和沿海经济发达地区努力普及高中阶段教育，普通高中随着高等教育规模的扩大适度发展，全国各类高中阶段职业学校在校生占整个高中阶段在校生的比例提高到60%左右。1998年开始的高校扩招，使得普通高中教育得到了很大的发展，1999年教育部《关于积极推进高中阶段教育事业发展的若干意见》指出“各地教育行政部门要确保实现‘两基’目标和巩固提高的基础上，重视发展高中阶段教育事业，积极发展包括普通高中教育和职业教育在内的高中阶段教育，为初中毕业生提供多种形式的学习机会。城市和经济发达的地区要有步骤地普及高中阶段教育，满足初中毕业生接受高中阶段教育的需求”。《教育部2000年工作要点》提出“城市和经济发达的地区要加快高中阶段教育的发展，充分利用现有教育资源，通过学校布局调整、适当分离初高中办学、办好薄弱学校、发展民办教育等多种形式，扩大包括普通高中和中等职业教育在内的高中阶段的招生规模，提高普及教育的整体水平。继续办好实验性、示范性高中和骨干职业学校”。

2001年，国务院发布《中共中央国务院关于深化教育改革全面推进素质教育的决定》，要求“调整现有教育体系结构，扩大高中阶段教育和高等教育的规模，拓宽人才成长的道路，减缓升学压力。要在确保‘两基’的前提下，积极发展包括普通教育和职业教育在内的高中阶段教育，为初中毕业生提供多种形式的学习机会。在城市和经济发达地区要有步骤地普及高中阶段教育”，同时还提出“挖掘现有学校潜力并鼓励有条件的地区实行完全中学的高、初中分离，扩大高中规模。鼓励社会力量采取多种形式发展高中阶段教育。保持普通高中与中等职业学校的合理比例，促进协调发展。鼓励发展普通教育与职业教育沟通的高级中学。支持九年义务教育的中西部农村

---

① http://www.edu.cn/jybgz_9336/20100121/t20100121_443596.shtml.

地区发展高中阶段教育”。2004 年国务院批转教育部《2003—2007 年教育振兴行动计划》提出要“全国高中阶段职业教育与普通教育之间应保持现有比例”,“多种形式积极发展普通高中教育,扩大规模,提高质量。加大对农村高中发展的支持力度,引导示范性高中建设,加快基础薄弱校的建设,扩大高中优质教育资源的供给能力”。

5. 普及高中阶段教育,普通高中多样化发展(2004—至今)

《全国教育事业“十五”规划和 2015 年发展规划》[①]中表示“扩大各种形式的高中阶段教育和初中后职业培训在校生的规模,有步骤地在大中城市和经济发达地区普及高中阶段教育,努力争取使高中阶段毛入学率提高到 60% 左右,大中城市和经济发达地区的初中毕业生基本能够升入高中阶段的各类学校。促进高中阶段教育协调发展,使中等教育结构更趋合理,切合地方经济和社会发展的实际需要。到 2010 年,高中阶段毛入学率有较大提高,在城市和发达地区普及高中阶段教育”。“十五”期间,高中阶段教育毛入学率从 2000 年的 42.8% 上升到 2005 年的 52.7%,涨了将近 10 个百分点。“十一五”期间我国高中阶段教育的重点依旧是大力发展职业教育,普通高中规模基本稳定。

《国家教育事业发展第十二个五年计划》的目标包括基本普及高中阶段教育,毛入学率达到 87%,职业教育和普通教育协调发展。《国家中长期教育改革和发展规划纲要(2010—2020 年)》提出:“推动普通高中多样化发展。促进办学体制多样化,扩大优质资源。推进培养模式多样化,满足不同潜质学生的发展需要。探索发现和培养创新人才的途径。”从而明确了现阶段我国高中教育的重点任务。逐步扩大“重点中学”和“示范中学”优质资源的辐射,并且引入市场竞争因素,使办学体制多元化,开始由单一的政府为主提供转向市场,同时改革高中教学,改变高中课程单一化,给予学生不同的选择,真正起到高中作为桥梁的作用。

上海市 2010 年高中毛入学率为 98%,早已普及了高中阶段教育,对高中阶段教育以从规模向提高质量,办特色学校迈进。市教委在国家“十二五”规划的蓝图下,明确表示要“推动普通高中教育‘高质量、多样化、有特色、可选择’发展,开放、优质、多样的局面基本形成,学生成长渠道进一步拓

---

① http://www.ttshopping.net/gaokao/492/541/2006060353475.html.

宽,自主发展的空间进一步加大,有创新潜质的学生的培养机制更加健全"[①]。对未达到高中普及的省份,以四川省为例,其"十二五"期间的目标为使"普通高中和中职教育协调发展,积极推动普通高中多样化、特色化发展,普通高中在校学生达到 135 万人左右;大力发展中等职业教育,中职学校在校生达到 140 万人,高中阶段毛入学率达到 85%"[②]。普通高中教育一直处于非均衡发展状态,从区域间到校际间,重点高中的政策一直没有实质性改变。

3.2　普通高中教育成本分担的制度变迁

3.2.1 政府和个人成本分担的制度变迁

新中国成立初期,我国普通高中教育的投入主要以中央政府为主,以后经过社会主义改造以及"文革"期间的基本停顿,总的来说,1985 年之前我国的普高教育经费以中央和地方政府为主,收取少量学费作为补充。

20 世纪 80 年代,随着改革开放的进行,教育改革也步入新的阶段。中央第一次以文件的形式保障教育投入增量的文件是 1985 年《中共中央关于教育体制改革的决定》,"在今后一定时期内,中央和地方政府的教育拨款的增长要高于财政经常性收入的增长,并使按在校学生人数平均的教育费用逐步增长"。之后我国的教育经费拨款基本上是延续此文件的精神执行,"八五"规划明确贯彻了《决定》的精神,"各级政府财政预算支出中教育经费所占比例,都应当逐步提高。中央部委和地方政府,也要根据教育事业发展的实际情况,建立教育专项资金,有计划、有重点地解决一些突出的问题"。

1993 年,《中国教育改革和发展纲要》发布,普通高中由政府主要办学转为政府办学为主,社会各界共同办学的体制,具体到经费筹集即"以国家财政拨款为主,辅之以征收用于教育的税费、收取非义务教育阶段学生学杂费、校办产业收入、社会捐资集资和设立教育基金等多种渠道筹措教育经费

---

① 沪教委基 2011 年[95]号文件,http://www.110.com/fagui/law_389936.html.

② 川办发[2011]86 号文件,http://www.110.com/fagui/law_389724.html.

的体制”。《纲要》中的经费筹集主要是针对我国不断发展的教育事业以及财政收入有限、教育经费长期短缺的现状而提出的,目的是保障教育经费的投入。

“九五”期间的教育投入基本是《决定》精神的延续,“各级政府要从实施科教兴国战略目标出发,制定筹措教育经费的条例或办法,进一步增加教育投入,确保各级政府财政预算中的教育拨款高于财政经常性收入的增长,使在校生生均教育经费和生均公用经费逐步增长。进一步发展和完善以各级政府财政拨款为主,辅之以征收教育税费、收取非义务教育阶段学杂费、发展校办产业、鼓励社会捐资、集资和设立教育基金等多渠道筹措教育经费体制,使教育经费投入有较大增加。改革教育拨款办法,优化资源配置,使教育经费投向与教育发展战略的取向相一致,避免结构性浪费”。

国务院 1993 年发文《关于中小学收费管理工作的通知》指出,“非义务教育阶段的学杂费标准可适当提高,但要根据当地经济发展状况和群众收入的承受能力确定收费数额。对在非义务教育阶段超计划招收的个别学生,要以学习成绩为主要标准进行录取,不得以交钱多少为录取标准”①。教育部、财政部和国家计委等三部委 1996 年出台了《普通高级中学收费管理暂行办法》,明确指出“高中教育属于非义务教育阶段,学校可根据国家有关规定,向学生收取学费”,“学费标准根据年生均教育培养成本的一定比例确定”,“普通高中除收取学费和住宿费以外,未经财政部、国家计委、国家教委联合批准或省级人民政府批准,不得再向学生收取任何费用”,“学费标准的调整,报省级人民政府批准后执行”。② 这是我国第一次正式的单独就普通高中收费问题出台的办法,界定了学费的标准,同时也在一定程度上制止了学校的乱收费问题。各省也在中央文件的基础上,按照成本分担原则,调整各自的学费。如河北省 2001 年提出“进一步完善高中阶段教育成本合理分担制度,在充分考虑当地群众承受能力的基础上,适当调整学费标准,提高

① 国务院办公厅. 关于中小学收费管理工作的通知. http://www.chinalawedu.com/falvfagui/fg22598/341.shtml.

② 国家教育委员会、国家计划委员会、财政部. 普通高级中学收费管理暂行办法(教财[1996]101 号). http://baike.baidu.com/link?url=sK66U7g52WM-Amo1VwjNCIEPS6SG YU-vMLQ3dUaye2sby0cHEit25YoO9JDqdV_pZohf9ZSk7iVEQZdZPc5nIDq.

个人分担比例”。①

由于重点学校政策的实行，我国的普通高中教育一直处于非均衡发展的过程中，因此，一些城市为了缓和普通高中教育需求的矛盾，开始出现以分数为标准的“双轨制”收费，即对分数线以内的学生按招生要求进行收费，对未达到分数线的学生和借读生收取择校费。

国务院《关于基础教育改革与发展的决定》中倡导“普通高中教育在继续发展公办学校的同时，积极鼓励社会力量办学”，再次从国家决策角度阐发引入市场模式发展普通高中教育的观念。而就公办高中而言，针对其个人负担部分，国务院为了规范高中收费，正式提出公办普通高中招收择校生“三限”政策（国纠办[2001]10 号），“不准违反规定录取低于最低录取分数线的新生”，“不准超过国家规定的班额，不得挤压招生计划指标，变相扩大择校生人数，择校生数量不得超过省政府规定的比例”，“择校生交费标准由教育部门提出，经省级人民政府批准后向社会公布”。自此之后，几乎每年教育部都发文重申并要求各地积极执行此项政策。教育事业“十五”规划中提出“建立健全符合社会主义市场经济体制和政府公共财政体制的教育拨款政策和成本分担机制。非义务教育阶段，在坚持政府增加必要投入的同时，根据群众实际收入状况，合理调整学费在培养成本中的比例”。

教育部联合其他 6 部门联合发布《关于 2010 年治理乱收费规范教育收费工作的实施意见》中重申了继续严格执行公办普通高中招收择校生“三限”政策，招收择校生比例要严格控制在本校当年高中招生计划数（不包括择校生数）的 30% 以下，低于此比例的不得提高。公办高中招收择校生，收取择校费后一律不准再收取学费。有条件的地区要逐步降低公办高中招收择校生的比例和收费标准，直至全部取消。紧接着，2011 年 7 部委的联合发文中指出严格执行并逐步调整公办普通高中招收择校生“三限”政策。各地要加大政府投入，完善高中经费保障机制，抓紧制订并落实生均拨款标准，积极化解学校债务。从 2012 年秋季开始，以学校为单位将招收择校生比例降到 20%。各地要研究制定加大高中教育政府投入，逐步取消“三限”收费的措施和办法，研究在一定时期内取消公办高中招收择校生“三限”政策。

① 河北省人民政府．关于普及高中阶段教育的通知（冀政[2001]13 号）．http://www.chinalawedu.com/falvfagui/fg22598/78946.shtml.

就学生资助来说，2010 年教育部和财政部正式发文[①]，实行普通高中国家助学金制度。该制度与由中央和地方按比例分担，明确规定了各地分担的比例和资助标准，提出了对于困难学生的学费减免和设立奖学金和助学金制度，学生资助制度作为个人成本分担的补偿，其着眼点主要在于低收入阶层，进一步明确了政府在基础教育中的责任。

由上文可以发现我国普通高中政府与个人教育成本分担经历了以下 4 个阶段：一是政府主要承担；二是以政府为主，个人承担学费和住宿费等生活费用；三是加大个人负担比例，收费双轨制；四是加大政府投入，限制择校费和择校生数，并对低收入阶层提供财政资助政策。经过不断地摸索，随着我国公共财政制度的逐步建立，明确了政府在基础教育中的主要责任，进一步地厘清了个人和政府成本分担的责任，目前我国的普通高中教育政府和个人成本分担正在向规范化和制度化迈进。因此也更有必要分析过渡时期不同的分担结构的影响因素和效果，以助于决策制定者做出更为正确的决策。

3.2.2 层级政府成本分担的制度变迁

层级政府间对于普通高中投入的分担方式受到我国财政体制变革的影响，我国财政制度经历了几次大的变革，从计划经济时期的“统收统支，分级管理”到 1980 年开始实行的“划分收支、分级包干”，1988 年我国财政制度改革开始实行“财政包干”机制，直至 1994 年的分税制改革，重点解决了中央和省级政府的财政收入分配问题，对于省以下地方各级政府间的财政分配问题由各省自行决定。

新中国成立初期，中央和地方关于教育经费预算的管理规定：“中央直接管理的大中小学经费列入中央人民政府预算，由财政部掌管；各大行政区、省（市）管理的县立中学以上教育事业费，分别列入各大行政区及省（市）预算内。”1954 年，教育部和财政部发出《关于解决教育经费问题程序的通知》，指出“为了贯彻统一领导、分层管理的原则，今后各省（市）教育厅

---

① 《财政部、教育部关于建立普通高中家庭经济困难学生国家资助制度的意见》（财教〔2010〕356 号）；《财政部、教育部关于印发普通高中国家助学金管理暂行办法的通知》（财教〔2010〕461 号）。

(局),如有发生经费不足,需先报请省政府统一解决,如省政府解决有困难时,则由省政府报请中央人民政府政务院考虑”。1963 年,中共中央发布《全日制中学暂行工作条例(草案)》,明确提出“全日制高级中学和完全中学一般由省、市、自治区教育厅、局管理,也可以委托所在专区(市)或县(市)教育行政部门管理”①。

高中作为基础教育,1963 年开始,高中和完全中学上收到省管理,虽然在 1966 年又划归地方管理了,但计划体制下的地方政府只不过是中央政府的附属机构,并未有真正的预算决策权。

1980 年 3 月,国务院颁布了《关于实行“划分收支,分级包干”的财政管理体制的通知》和《关于实行“划分收支,分级包干”财政管理体制的暂行规定》,这标志着我国财政体制由原来的中央财政“统收统支”全国“吃大锅饭”的体制改为“划分收支,分级包干”,各省“分灶吃饭”,各司其职。1985 年启动的基础教育财政分权化改革制度设计源于计划经济体制下形成的基础教育财政制度框架,包括基础教育财政体制(原有县办高中、社办初中和队办小学演变成为县办高中、乡镇办初中和村办小学)和筹资模式(原两条腿走路的办学方针后演变为多渠道筹措教育经费)。

1994 年我国开始进行分税制改革,实行国税和地税两套税收体制。分税制改革使中央拥有消费税、关税、中央企业所得税,地方拥有营业税、个人所得税、地方企业所得税,增值税和资源税是中央和地方政府共享的税种。伴随着分税制改革,基础教育的管理责任逐步下放,财政收入却向中央和省级政府集中,上层政府应通过财政转移支付,保障低层政府履行职能的财力。

2000 年,农村税费改革在安徽进行试点,2002 年此项政策推向全国,与此相联系的农村义务教育开始由“以乡镇为主”向“以县为主”转变,2001 年国务院的《决定》②中明确表示农村义务教育管理“实行在国务院领导下,由地方政府负责、分级管理、以县为主的体制”,从而加大了县的财政负担,县

① 《全日制中学暂行工作条例(草案)》, http://edu6. teacher. com. cn/tln009a/doc/d000108030208. htm.

② 国务院(国发[2001]21 号)2001 年 5 月 29 日,《国务院关于基础教育改革与发展的决定》, http://baike. baidu. com/link? url = OW1SivdCZCSFE3QUIp66QsFXM6tcC6hloIdTB - pwDdivAI0hFp3_UIH8tXBTcipR0U9THeYWsWkWMYLfl5M47K.

财政开始承担整个基础教育财政。由于义务教育一直是县财政的重中之重，因此，县财政对高中的经费投入造成了一定的挤压，使得本来就得不到重视的普通高中雪上加霜，一定程度上促使高中通过各种收费将自身的财政压力转嫁到学生及家长身上。因此，分税制改革和农村税费改革都要求省和中央应加大对县层面的转移支付，使县级政府事权和财权相匹配。侯一麟等(2011)在比较地市和县级教育财政支出时发现，2005 年的数据显示，教育领域中县级政府承担了77%，地市本级承担了23%。由于地市级政府还需承担其直属的高等教育的支出，由此可见县级政府是基础教育的主要承担者。而"以县为主"的基础教育管理体制中，包括师资、基建和经费一般都由县级财政承担，地市和省级政府规划并通过转移支付进行统筹，中央政府则在全国范围内进行统筹和规划，保障地方教育经费支出和教育发展均衡。

表 3－1　各级教育地方预算内教育经费收入状况　　单位：亿元

各级教育	2000 年	2010 年	增长(倍数)
地方普通高中	148.12	1 168.3	7.89
地方普通高校	231.04	2 718.8	11.77
地方普通初中	394.31	2 925.3	7.42
地方普通小学	661.49	4 371.9	6.61

由于普通高中主要是地方负责，所以我们使用地方各级教育的预算内经费拨款情况进行分析。首先非常明显的是，地方预算内教育经费在各级教育的分配中一直以来都是地方普通小学份额最大，而用于普通高中的最少。与义务教育预算内教育经费收入相比，其增长的相对较快一点，但是由于其基数本身比较小，所以地方总体投入仍较低。2000 年普通高中教育支出占四级普通教育预算内经费的 10%，普通高校占比 16%；2010 年普通高中占比 10.5%，普通高校占比 24.5%。由此可以明显看出国家经费重点的转移，2000 年是各地正式普及义务教育的关键年份，因此，预算内教育经费更多的是用于义务教育，随着义务教育的普及以及学龄人口减少，用于义务教育的经费增长速度放缓，但与此同时，普通高中教育经费占比变化不大，这充分说明了普通高中一直都没有得到重视。

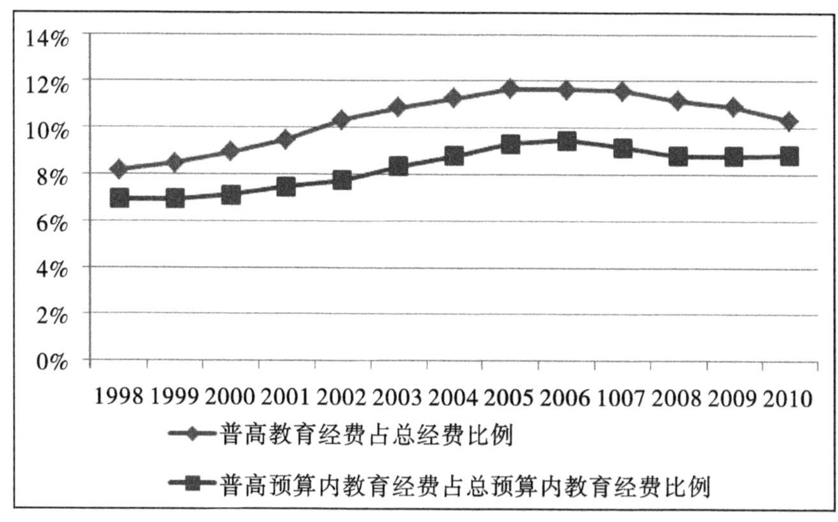

图 3－1　政府对普通高中的投入偏好(1998—2010)

进一步的,我们考察政府对普通高中教育的投入偏好。从图 3－1 可以看出,从 1998 年到 2010 年间,普通高中教育经费占教育总经费的比重一直高于预算内教育经费的比例。即使如此,普高所占总经费的比例也不高,基本维持在 10% 左右,从 1998 年的 8% 缓慢增长到 12% 之后,从 2007 年开始,有了缓慢的下降,到 2010 年降到了 10%。而预算内教育经费的比例则一直维持在 10% 以下,从 1998 年到 2010 年间增长了 2 个百分点,变化很小。但是与之相对应的普通高中在校学生数从 1998 年的 356 万增加到 2010 年的 938 万,增加了 163%,相对于在校人数的增加,预算内教育经费的比例并没有大的增加。从中可以看出,我国多年来对于普通高中的拨款政策基本没有什么大的变化。这也导致了普通高中教育经费短缺,很多学校不得不举债办学。尤其是实行示范高中、星级高中等政策之后,很多高中为了达标,不得不举债发展。

但实际问题在于,普通高中一直处于义务教育和职业教育的夹击之中,政府投入力度小,大部分高中都经历了负债发展的过程。湖南省省教育厅《2008 年湖南省示范性普通高中督导评估情况通报》,发布了全省 32 所省示范性普通高中督导评估的情况,"湖南省 29 所普通高中总计债务达 8.36 亿元。本次评估的 32 所学校,校均负债 2 882 万元"。

2011 年 10 月,国家审计署、教育部和财政部联合发布通知《关于开展普通高中债务调查的通知》,要求调查各地公办普通高中债务情况,以便于摸清地方公办普通高中负债情况,促进普通高中教育健康发展。

3.2.3 小结

对普通高中制度变迁的梳理发现,我国在教育政策上一直都偏重于义务教育、高等教育、学前教育和职业教育四大教育,普通高中教育政策一直以来都是为高等教育服务的,因此发展重点高中在很长一段时间内都是高中发展的重点,直到21世纪初,由于学生需求的多样化,政府才开始对高中进行改革,而高中的多样化发展和高中教育质量的提高成为改革的重心。1998年以来,我国普通高中教育的发展主要表现在:(1)普通高中在校学生数不断增加,但高中阶段普通高中的规模占比在逐步减少并稳定在55%左右;(2)招生规模目前处于稳定阶段,农村高中招生处于下降的趋势;(3)普通高中学校开始向县镇和城市聚拢,农村高中所占比例锐减。

国家对普通高中教育投入经历了由政府负担到以政府负担为主的转换,但是层级政府之间由于经济水平和财力的差异,对高中的投入差异较大,从而导致普通高中很长时间一直面临着投入不足,甚至有负债问题的出现,而由于投入不足产生的乱收费问题也一直都是中央治理的重点。乱收费导致居民家庭负担加重,在普及高中阶段教育的背景下,为了对低收入家庭进行补贴和资助,我国在2010年建立了普通高中国家助学金制度,至此我国普通高中的成本分担和补偿体系正式建立,普通高中朝着加快高中阶段普及和多样化发展的目标开始前进。层级政府间对普通高中教育的分担基本上是遵照财政制度的变迁进行着分权化改革,在对基础教育不断分权化的过程中,我们发现地方政府对普通高中教育的偏好发生着变化,普通高中教育经费不足的问题长期存在。

3.3 普通高中教育发展状况

对普通高中教育发展的梳理,有助于我们对普通高中教育制度变迁有更加清晰的认识,在其发展的背景之下,以1998年为起点,普通高中教育经历了规模扩大和多样化发展的两个时期,我们分别从普通高中的学生规模、招生规模以及学校数量在农村、城市和县镇的转变,详细考察普通高中的发展状况。

1. 在校生规模

普通高中在校生数量的变化有助于我们了解普通高中规模的变化，以及与规模变化相关的一系列高中发展变化情况。

从图 3-2 可以看出，自 1985 年中央出台了《关于基础教育改革的决定》，高中教育由地方负责开始，一直到 1994 年我国的普通高中教育发展规模一直基本维持稳定的发展状态，之后受到我国普及义务教育和逐步开始的高校扩招影响，地方普通高中的规模迅速扩大，一直保持迅速增长的态势，到 2007 年高中在校生人数已达到 2 522.4 万人，之后有一些回落，并慢慢恢复到稳定状态。

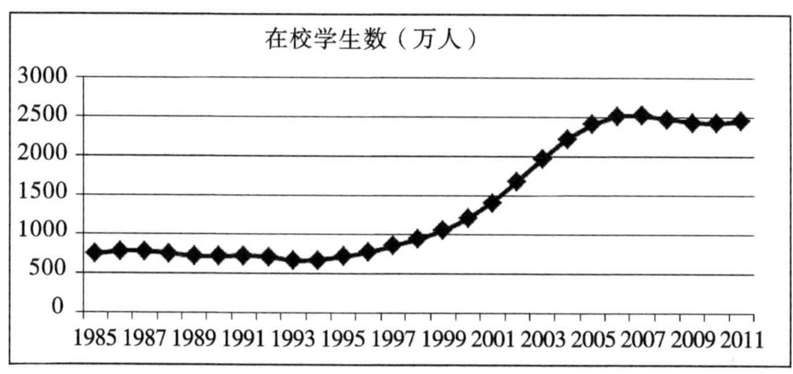

图 3-2　普通高中规模变化情况(1985—2011)

从普通高中规模占整个高中阶段规模的比例来看(图 3-3)，普通高中规模均在 55% 以上，而且受到国家高等教育扩招影响以及我国扩大高中阶段规模的政策效应，普通高中规模经历了 1998—2003 年的迅速增长时期，从 1998 年初所占比例在 65% 左右，迅速发展到 2003 年中部和西部比例达到 80% 以上，东部为 75% 左右，之后受到大力发展中等职业教育政策的冲击，又经历了迅速下降的过程，至 2010 年基本维持在 55% 以上。由此不难发现，我国高中阶段规模和普通高中规模都处于逐年扩大的变化之中，尤其是自 2003 年之后，高中阶段学生数的快速增长主要得益于中等职业教育的发展，在此阶段，普通高中学生规模虽有所扩大，但所占比例一直在减少，目前维持在与中等职业教育规模大致相当的位置，充分响应了高中阶段普通高中与中等职业教育协调发展的政策目标。

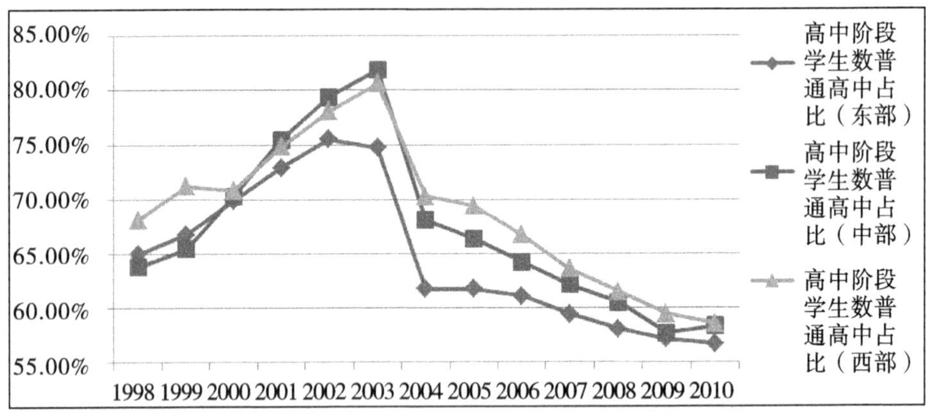

图 3－3 分区域高中阶段普通高中学生规模占比变化趋势(1998—2010)

就普通高中教育的规模而言,我们分别从升学率、招生数、民办学校规模以及不同办学模式的规模发展和变化来考察普通高中教育的发展。

初中升入普通高中学校的学生比例反映了初中毕业生对普通高中教育选择的发展变化,是我们认识普通高中发展变化的入口。从初中进入普通高中学习的升学率可以看出(图 3－4),总体上升学率一直呈增长状态,与国家政策非常贴合,主要受到我国从 1999 年开始实行的大规模高校扩招政策的影响和义务教育的普及,使得很多学生开始选择进入高中学习,1998—2002 年增长速度最快,从 22.8% 上升到 36% ,此后一直处于稳定增长状态。分区域之后发现,东部、中部和西部的升学率一直呈现出东部最优,其次为西部,升学率最低的是中部,而且三区域的升学率均在增长,虽然速度有所减慢。截止到 2010 年,我国初中毕业生选择普通高中的比例均超过了 45% ,其中东部最高,为 52% ,中西部相差不大,均未达到 50% 。

那么分区域的高中教育规模呈现出怎样的发展态势呢? 高中的发展模式在发生怎样的变化呢? 我们通过普通高中在不同区域的招生人数和学校数的变迁考察其发展的轨迹。从普通高中的招生人数在高等教育扩招和大力发展中等职业教育,要求中职教育和普通高中教育发展基本达到 5:5 的背景下,招生数则经历了迅速上升和下降并逐步趋于稳定的发展阶段。

2. 招生规模

从普通高中招生数的年度变化来看(图 3－5),基本与普通高中学校在校生规模的变化保持基本一致,1998—2005 年招生人数一直处于增长状态(从 359.6 万人增至 877.7 万人),之后招生数有了一定的下降,但基本稳

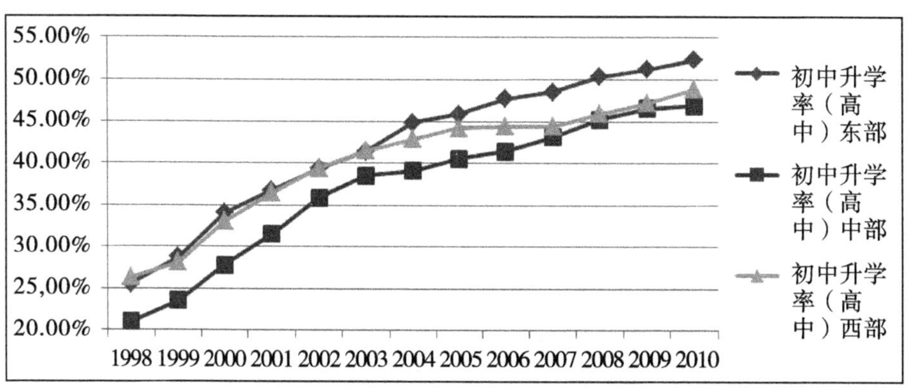

图 3－4　分区域初中升入普通高中的升学率变动趋势(1998—2010)

定,到 2010 年为 836.2 万人,下降的原因可能是中等职业学校的发展和国家普职比例平衡的政策影响。增长速度方面,1998—2000 年招生数迅速增长了 19%,2001 年稍有下降,之后迅速达到顶点 21%,之后其增长速度开始迅速下降,至 2006 年开始进入负增长时期,从 2007 年开始增长率缓慢上升,2010 年达到 1%,进入了稳定缓慢增长阶段。

分区域城市、县镇和农村高中招生数占总招生数的比例来看(图 3－6),高中招生规模向县镇高中聚拢,城市高中和农村高中的招生规模在减少,尤其是农村高中占比一直处于下降趋势。县镇高中招生数所占比例一直都最高,1998—2006 年招生数比例从 47.7% 增至 59.1%,之后稍有下降并保持稳定,2010 年比例稳定在 58.2%。城市招生数所占比例一直处于波动并减少趋势中,从 1998 年的 38% 发展到 2010 年的 35%,基本处于稳定状态。农村招生数所占比例则一直都在减少,从 1998 年的 14.3% 到 2010 年的6.8%,减少了 1 倍以上。城市、县镇和农村招生数之比大致为 8∶5∶1,普通高中的招生数以城市和县镇为主,尤其是县镇的比例几乎占到了 6 成,农村的份额则越来越少。从招生规模的增长率来看,城市招生数增长速度 1998—2002 年为 22%,之后则一路下滑至 2006 年的 －9.2%,之后增长速度开始稍有加快并趋于稳定,2010 年为 －0.2%;县镇招生数一直增长很快,至 2002 年达到 28.8%,之后增速经历阶段性迅速下降,至 2007 年减至 －7.4%,之后缓慢上升趋于平稳,至 2010 年增长 1.9%,农村招生数的增长速度则一直有波动,2004 年降速开始加快,2007 年降速达到最低点 －15.2%,之后有所上升,但农村高中招生所占比例整体来看还是处于下降的趋势。

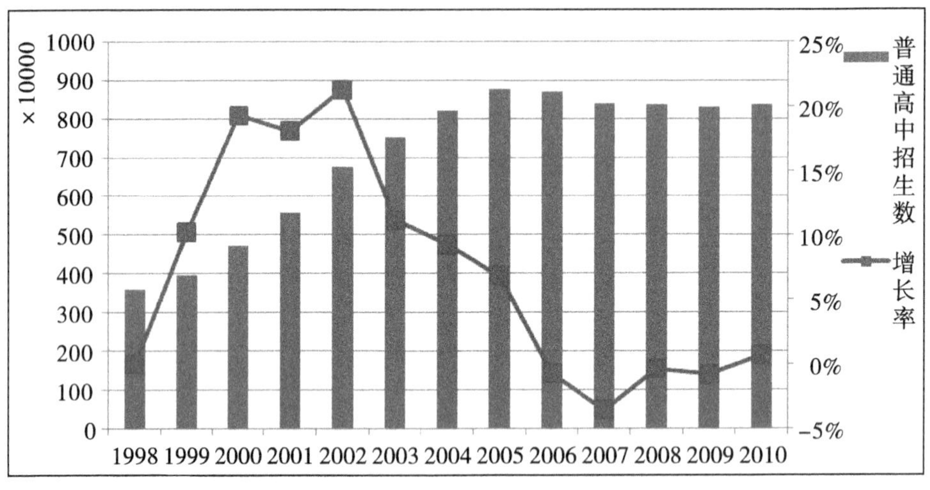

图 3-5 全国普通高中招生数及变化情况(1998—2010)

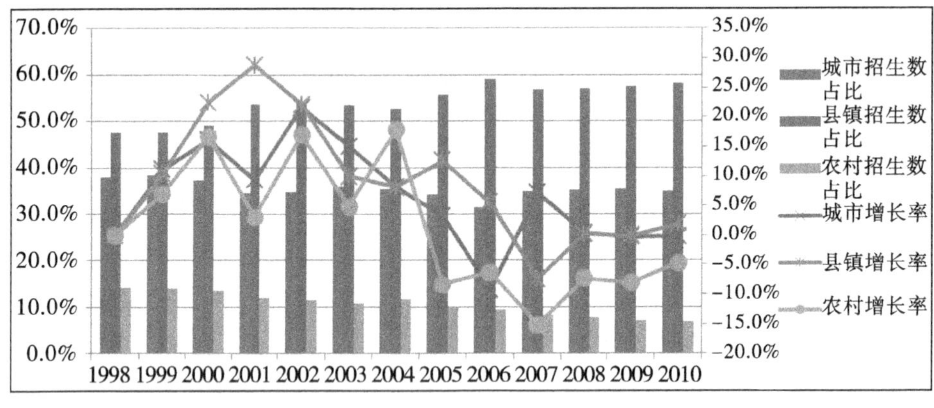

图 3-6 普通高中分区域招生数占总招生数比例(1998—2010)

3. 学校数量

如图 3-7 所示,与学校招生规模的变化一致,普通高中学校表现出了向城市和县镇聚集的特点。农村高中所占比例从 1998 年的 20% 减少到 2010 年的 10%,县镇高中所占比例一直处于最高的水平,1998 年为 42%,2010 年达到 51%,城市高中基本变化不大,一直维持在 40% 以下。基本上我国城市、县镇和农村高中的比例由 1998 年的 4:4:2 逐步发展到 2010 年的 4:5:1,也说明了普通高中逐步由农村向县镇聚集,县镇依旧是我国普通高中的主要承担者,虽然 2011 年的统计口径使得城市学校数的比例变大,但可以发现乡村高中所占比例已缩减至 6%,我国已逐步形成了城区和镇区为主的普通高中发展模式。

不同办学模式的高中学校数所占比例不难看出(表3-2),我国普通高中教育以政府投入为主,以公办教育为主的办学方式已逐步显现,进一步确立了政府在普通高中教育投入中的主体地位,民办学校更多地集中在城市和县镇区域。教育部门办学基本占了总的高中学校数的80%,其他部门办学比例已越来越小,到2011年降至1%,可忽略不计;民办高中从1998年的占比14%逐步发展到2005年的20%之后,一直保持稳定的状态,公办高中和民办高中基本维持着8:2的比例,民办学校数所占比例几乎高于招生数所占比例的1倍,这也说明了民办高中大多规模较小。从不同区域的分布来看,民办高中由1998年主要集中在城市,逐步辐射到农村和县镇,县镇普通高中民办数量在1998年只占到7%,2006—2007年增长到16%,之后稍有下降,2010年占比14%,但由于县镇普通高中学校数量较大,因此民办学校的规模仍旧高于城市;另一方面,1998年农村民办高中比例就已达到13%,之后经历了短暂而迅速的下降,2001年降至5%,然后开始上升,2011年民办高中比例达到16%;城市民办高中的发展一直维持在20%以上,1998年为23%,经历了几次小的波动,2010年为23%,城市高中公办和民办的比例一直高于8:2。民办高中仍旧主要集中在城市,首先从整体学校的分布来看,城市学校数所占比例较大,而农村学校数所占比例一直处于减少状态。另外,在城市中,民办高中学校所占比例也大于城镇和农村民办高中占比。

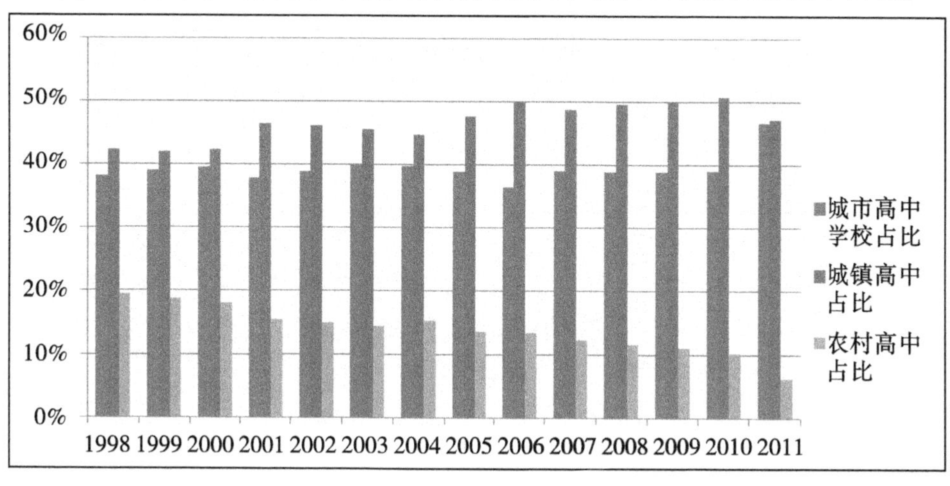

图3-7　不同区域高中学校数占总校数比例变化(1998—2011)

综上所述,我们发现普通高中的规模已发展到稳定的阶段,在校学生数增长缓慢,招生数和学校数都向县镇和城市聚拢,其中城市招生数基本变化不大,县镇学校的招生数占到了总招生数的将近60%,学校数则占到了50%,处于第一位,可见县镇普通高中教育已开始发挥越来越重要的作用,尤其是在农村普通高中学校锐减的情况下,从不同办学模式来看,公办教育和民办教育的比例为8:2,民办学校主要集中在城镇和城市区域,我国的普通高中教育以公办教育为主导。

表3-2 高中学校数及不同办学方式所占比例(1998—2011)

高中学校数	1998	1999	2000	2001	2002	2003	2004	2005	2006	2007	2008	2009	2010	2011
总计:其中	13 948	14 127	14 564	14 907	15 406	15 779	15 998	16 092	16 153	15 681	15 206	14 607	14 058	13 688
教育、集体办	79%	78%	77%	78%	76%	74%	75%	75%	76%	77%	79%	80%	81%	81%
民办	14%	13%	12%	12%	15%	17%	18%	20%	20%	20%	19%	18%	18%	17%
其他部门办	6%	8%	10%	10%	9%	9%	7%	6%	4%	3%	2%	2%	2%	1%
城市:其中	5 331	5 521	5 760	5 656	5 996	6 300	6 375	6 251	5 907	6 132	5 918	5 675	5 494	6 389
教育、集体办	66%	64%	63%	64%	63%	62%	64%	65%	67%	70%	72%	74%	75%	77%
民办	23%	21%	20%	20%	22%	25%	26%	27%	27%	26%	25%	24%	23%	22%
其他部门办	12%	15%	18%	15%	15%	14%	11%	8%	6%	4%	3%	2%	2%	2%
县镇:其中	5 896	5 942	6 175	6 939	7 098	7 191	7 169	7 661	8 086	7 637	7 526	7 314	7 136	6 451
教育、集体办	89%	88%	87%	86%	85%	83%	82%	82%	82%	83%	84%	85%	85%	86%
民办	7%	7%	6%	9%	11%	13%	15%	15%	16%	16%	15%	14%	14%	13%
其他部门办	4%	5%	7%	5%	4%	4%	3%	3%	2%	1%	1%	1%	1%	1%
农村:其中	2 721	2 664	2 629	2 312	2 312	2 288	2 454	2 180	2 160	1 912	1 762	1 618	1 428	848
教育、集体办	86%	86%	86%	84%	82%	82%	81%	76%	76%	78%	80%	81%	80%	78%
民办	13%	12%	11%	5%	7%	9%	11%	15%	17%	16%	15%	15%	16%	22%
其他部门办	1%	2%	3%	10%	10%	10%	9%	9%	7%	6%	5%	4%	4%	0.5%

注:表中2011年的数据中调整了区域划分方法并将各部门办学更加细化,将原来的的城市、县镇和农村的划分方法改为城区、镇区和乡村。也就是说,将原来县镇的部分学校划归到城区当中,并在城区和镇区中加入了城乡结合区不同部门的办学数据,这就使得城市学校数的比例变大;部门办学中将教育部门和地方企业办学分开进行了统计。

第4章　普通高中教育政府分担:理论、现状和实证分析

4.1　政府分担教育成本的经济学分析

公共财政应该对教育市场进行干预的讨论首先是关于教育的产品属性问题,也就是教育是私人产品、公共产品还是准公共产品的争论(Rosen,2005)。公共产品理论最先是由萨缪尔森提出来的,此后在公共经济学领域被广泛使用,萨缪尔森(1998)对公共产品的定义是"扩展其服务给新增消费者的成本为零,且无法排除人们享受的物品",也就是消费的非竞争性和非排他性,私人产品则具有明显的竞争性和排他性,介于两者之间的被称为准公共产品(袁连生,2003)。王善迈(1997)认为教育属于准公共产品,其中义务教育属于公共产品,非义务教育在消费上有排他性和外部性,而高等教育的个人收益更大,普通高中教育具有很强的社会收益,促进社会居民整体素质的提升,因此普通高中教育为更接近公共产品的准公共产品,高等教育为更接近私人产品的准公共产品。陈其林等(2010)将准公共产品分为维持型、发展型和经营型三种类别,而教育属于发展型准公共产品,其构成随社会发展的变化而变化,教育产品的排他性与社会每个成员接受义务教育(即免费教育)的水平线密切相关,水平线以下的义务教育原则上属于公共产品类别,水平线之上的教育则是准公共产品类别,水平线的上下取决于社会的发展程度,进而教育产品的排他性会随着社会的发展发生变化。他们认为,当消费需求超过既定的供给条件时,必须追加对教育的投入,以确保教育产品持续、有效地供给,因此,发展型准公共产品供给规模的扩大和效率的提升与投入相关。基于此,随着我国经济发展水平的提高,以及目前提出的普及高中阶段教育的目标,对于普通高中教育政府投入应起到主导作用,

逐步过渡到免费教育。

个体应该选择接受多少年教育是一个传统命题,个体对教育水平的投资应该等于其受教育年限的边际收益率贴现(Beker,1964;Rosen,1977)。在决定最优受教育年限时,个体主要考虑的是基于更高终生收入的教育收益率;而对于社会最优投资来说,个体还应考虑自己的选择对他人正的溢出效应产生的额外收益率。但是个人选择首先面临的最严重挑战就是资本市场的不完善,学生无法承诺偿还其受教育的投资,家长也无法承诺孩子未来收入可以偿还其受教育所需投资。即使家庭之后可以偿还投资,流动性限制也会导致很多父母无法使用自己的资金做出最优决策。尤其是对于风险规避型人群而言,经济学认为人们更愿意选择现在的收益,而低收入家庭通常教育程度较低,在劳动力市场更易面临失业等风险,因此他们愿意规避风险,从而影响其家庭对子女教育的投资。

关于市场和政府之间的分工,宗晓华(2012)通过对教育信贷市场的分析,认为信贷市场的不完善主要是因为信息不对称造成的。信贷机构对人力资本的投资,实际上是对个体能力的投资,而个体能力是无法测量的,借贷机构无法事前知晓,就连个体本身也无法预测。学习成绩只是能力的部分显示,无法反映其能力的全貌,尤其是应试教育产生的很多"高分低能"现象。个人能力只有到劳动力市场中才能逐步显示出来。另外,个人的天赋能力还需要后天的努力,个体各个时期的努力程度也是无法预知的,但是个体是可以自我把握的。所以信息的不完善和不对称造成了个人教育信贷市场的不完善。一般来说,高收入群体可自我承担教育投资,而低收入群体在进行教育投资时,借贷的可能性更大,教育借贷市场的不完善也就造成了他们面临资本流动性限制而无法进行有效的投资,使得很多学生虽然能力很高,但是由于家庭因素而不得不选择辍学或者其他教育选择,因而无法进行最优教育决策。弗里德曼认为"对人力资本投资不足很可能反映了资本市场的不完全性,得到人力资本的资金与得到有形资本投资的资金具有不同的条件而且比较困难"①。按照弗里德曼(1962)的观点,教育信贷市场面临困难的原因主要包括:一是投资人力资本没有有效的债务抵押,对于能否收回成本缺乏保障;二是投资人力资本具有高风险的特点,利率很高,教育投

① 弗里德曼.资本主义与自由[M].张瑞玉,译.北京:商务印书馆,2004:111.

资收益的置信区间很大,所以借贷市场会排除掉低收入家庭,以防止出现呆账和坏账。不过在学者们对高等教育助学贷款的研究中,沈红等(2013)针对高等院校学生贷款市场出现还款风险问题,保险市场的介入可有效地转移风险,国内保险市场已陆续开始开展此项业务。但是保险机构的介入虽然在一定程度上缓解了贷款市场的风险,但是投保人和承保人之间的信息不对称问题依旧存在,仍然有道德风险和逆向选择出现。

公共财政应对教育市场进行干预的第二个原因是资本市场的不完善,需要政府介入,尤其是对于低收入家庭而言。如果政府想要处理资本市场不完善带来的问题,他应该提供免费教育还是降低学费,为学生提供贷款?是直接管理学校还是给学生上学提供补贴呢?这涉及政府与市场的分工,针对教育的属性和外部性不同,公共教育财政资助的方式和范围也会有所不同。

从微观经济学得到的一个基本共识则是,公共财政对教育的投资是由于其潜在的外部性,而不是其潜在的公共产品属性(Pyndick&Rubinfeld,2005)。外部性这个概念最早是由庇古(1920)用来解释政府介入问题的,微观经济学对外部性的解释为生产的成本或消费被另一方同时享用,却没有反映在市场价格里。外部性有正有负,例如生产过程中的噪声和环境污染无疑会产生负的外部性,而养蜂人酿蜜的同时,周围果园的产量提高,这样的外部性则是正的。科斯在 1960 年发表的著名的《社会成本的问题》一文中指出交易成本的存在是外部性产生的原因,当交易成本足够低时,双方可通过谈判内化解决外部性问题。如果谈判无法解决外部性问题,政府可介入纠正市场失灵,具体来说通过以下三种方式:税收或者是补贴,规制和界定产权。因此,经济学家们花费很大的精力去估算外部性的大小,以帮助政府决定财政支付的最优区间。

政府应该介入教育的第三个原因则是由于教育的外部性。教育的外部性是由 Becker 在 1964 年首先提出来的,穆勒(2007)对教育范围和教育外部性进行了详尽的阐述,首先是关于教育的指代范围,有些人认为教育是在公立或私立教育机构里接受的教育项目,这部分只是教学服务,有人认为教育还应该包括接受了教学服务之后内化到个体的知识和技能,穆勒认为后者等同于人力资本的概念。当教育作为一种教学服务的时候,公共财政提供则意味着每个人都有权接受,它具有了公共产品的特性(消费的非竞争性和非排他性[1]),这更接近于义务教育,因为它是强制性的。非义务教育阶段,由于有入学门槛的限制,是有部分排他性存在的,使得充其量为俱乐部产品[2]。就教学服务而言,只能相当于个体人力资本[3]生产过程的众多要素的一部分,当学生接受教学服务之后,根据内化到自身的知识和技能,进入劳动力市场获得收益。所以我们讨论教育的外部性,实际上是教育产出的外部性。首先是可以维持社会稳定,受过良好教育的市民会有效地减少犯罪活动而且会更多地参与政治活动,促进社会稳定和进步,这通常是与义务教育和国民教育相联系的,而对于个人来说,这些外部性并不是他所关注的,因此仅仅依靠个人投资教育很难达到社会福利最大化。当然不同的国家由于经济发展水平的差异,对于义务教育规定的年限有所不同,欧美发达国家基本上从小学到高中阶段的公立学校均为免费教育,我国目前的义务教育阶段只包括小学和初中部分。教育的外部性关系到经济增长,Lucas(1988)在经济增长模型的投入要素中,除了劳动力和资本之外,还专门列出了增强劳动者生产力的其他生产要素,根据内生增长理论,更高的人力资本会将经济带到一个更高的水平,从而提高人均收入,这被称为教育的水平效应。

由于稳定性的外部效应,公共财政资助中小学教育已经被大家所接受。但是对于教育的水平效应,很多的学者利用明瑟收入方程,试图计算出教育对于个体收入的回报率。对于教育收益率的研究发现,高收入国家教育层次越高,教育收益率越高(Luis - Eduardo,1998;Harley Frazis, 2002),低收入国家和 OECD 亚洲国家的教育收益率呈现出"U"型,即中等教育的收益率最低(Psacharapoulos 等, 2002),对中国的教育收益率的研究并没有统一的结论,有些学者通过计算得出我国的教育收益率随着教育层次的提高而提高(陈晓宇、闵维方,1998;李实、丁赛,2003),但这些研究基本停留在 20 世纪 90 年代的收益率,2000 年之后的研究基本发现中国的各级教育收益率呈

---

① 由萨缪尔森 1954 年提出,Samuelson,P. A. (1954),The Pure Theory of Public Expenditures,Review of Economics and Statistics,Nov. pp. 387 - 389。

② 最早使用俱乐部产品进行分析的是布坎南在 1965 年用于分析地方公共产品的供给,McNutt 对俱乐部产品的定义为当公共品具有了排他性的时候就可以认为是一种俱乐部产品。

③ 这里的人力资本指的是宏观经济学中关于经济增长回归模型等研究中的概念,基本上指的是教育。泛指的人力资本概念囊括更多,包括诸如健康、预期寿命等因素。

现出“U 型”,即中等教育的收益率最低(娄世艳,2009;范静波,2011)。宏观经济学家则通过教育对于经济增长的贡献来考察其社会回报率。

宗晓华(2012)按照教育服务的俱乐部规模和外部性范围来界定公共财政的资助范围。如果说外部性范围很小,俱乐部规模也比较小,更接近于私人产品,那么个人就需要承担更多;如果为地方区域俱乐部规模,外部性也较大,那么地方公共财政应承担更多;相应的如果是接近全国性的俱乐部产品,其外部性势必更大,国家公共财政应负担更多。

教育财政应创造一个环境,引导人们对教育年限的投资是社会最优的,这就涉及教育公平问题,也就是说不论家庭背景和收入,每个人都可获得最优教育年限。所以其面临的挑战为激励人们面对不完善的资本市场做出私人最优投资。需要解决的问题包含两个方面:一方面是人力资本的外溢,另一方面则是流动性限制。其中流动性限制易造成资本市场失灵,从而需要政府资金的介入,防止父母将自身受教育的无效率扩展到孩子的受教育年限上,从公平角度来说,则可尽量避免低收入阶层的孩子选择次优的受教育水平,但政府的介入容易导致搭便车和强调数量而忽视教育质量的问题。

4.2　政府分担比例描述性分析

我国普通高中教育经费筹集实行成本分担原则,也就是说,成本分担的主体分别是政府和非政府,从收入角度来看,政府承担部分表现为国家财政性教育经费,主要包括公共财政预算教育经费,各级政府征收用于教育的税费,企业办学中的企业拨款,校办产业和社会服务收入用于教育的经费,其他属于国家财政性教育经费。普通高中的非政府收入主要包括事业收入、社会捐赠、民办学校举办者的投入和其他收入,其中事业收入中学杂费是学生家庭的主要负担。目前我国各省普通高中成本分担方式各异,甚至于一省内部差异性都很大。

从表 4 - 1 我国高中免费政策的实行区域来看,中部地区共有 6 个省有一些免费的尝试,而西部的内蒙古自治区 2012 年实行了全省范围的免费政策,力度最大。东部地区中发达的直辖市和长三角及珠三角区域均未有免费政策的实行,全国大部分地区依旧实行的是需缴纳学费的普通高中教育成本分担政策,只是分担程度各有不同而已。

表 4－1 目前我国实行高中免费政策的地区分布

区域	省份	实行免学杂费的范围和时间
东部	辽宁	鞍山(2008 年)
	山东	兖州(2008 年),潍坊高新区(2012 年)
	海南	定安县(2011 年)
	河北	涞源县(2011 年),唐山市(2008 年)
中部	黑龙江	绥棱县(2012 年)
	山西省	沁水、蒲县、乡宁、古县(2011 年),晋城、长治县(2012 年)
	河南省	汤阴县、孟州(2013 年)
	湖南省	长沙芙蓉区(2008),吉首(2011),资兴、临武(2013)
	江西	德兴市(2010)
西部	内蒙古	全区范围(2012)
	宁夏	泾源县(2011)
	甘肃	阿克塞县(2009),天祝县(2012),临夏州、永靖(2013)
	青海	化隆县(2012)
	陕西省	全省范围(2016)

按照普通高中教育经费收入中政府和非政府分担方式划分,表 4－2 列出了 1998—2011 年政府和非政府分担比例,其中政府投入部分为财政性教育经费,单列出的预算内教育经费是指中央、地方各级财政或上级主管部门在本年度内安排,并划拨到各级各类学校、单位,列入国家预算支出科目的教育经费,包括教育事业费拨款、科研经费拨款、基建拨款和其他经费拨款。其不仅是财政性教育经费的重要组成部分,更是代表政府在预算中对于普通高中教育的直接支持,预算内教育经费所占比例更能直接地反映出政府对于普通高中教育的投入。而非政府分担中则专门列出了个人分担中非常重要的学杂费收入所占比例。

按照图 4－1 所示从财政性教育经费的投入来看,政府投入在很长一段时间内都徘徊在 50%—60% 之间,预算内教育经费更是位于 45%—50% 之间。自 2008 年开始,随着高中阶段普通高中学生规模占比的减少,我国逐步形成了普通高中教育以政府投入为主的教育财政,政府投入所占比例迅速上升,2011 年达到 72% 。与之密切相关的预算内教育经费,即来自于政府预算的直接拨款也自 2008 年突破 50% 大关,2011 年增至 61.6% 。在政府投入比例显著上升的同时,非政府投入所占比例基本上从 2003 年开始一直处于逐步减少的过程,其中个人分担的最重要组成部分学杂费占比基本变化不大,从 2000—2010 年间,一直高于 20%,尤其是 2006—2007 年间增长了 4 个百分点,主要是由于统计口径变化导致的,2007 年之前高中学杂费的统计口径只包含学费部分,2007 年开始学杂费包括学费和择校费两部分。因此,虽然非政府投入占比增加幅度不大,但学杂费占比的增加幅度较大,不过伴随着非政府收入占比的下降,学杂费占比从 2007 年之后也开始逐步下降,2011 年降至 18.3%。

表 4-2　地方高中成本分担结构　　单位:%

年份	财政性教育经费占比	预算内教育经费占比	非政府投入占比	学杂费占比
1998	60.4	47.5	39.6	14.6
1999	57.9	46.7	42.1	16.9
2000	55.9	45.9	44.1	20.4
2001	54.9	46.3	45.1	22.3
2002	54	46.1	46	22.8
2003	53.1	45.9	46.9	24.5
2004	54.7	47	45.3	24.4
2005	55.5	47.5	44.5	24.4
2006	59	50.9	41	22.7
2007	57	49.5	43	26.7
2008	60	52.3	40	24.6
2009	62.3	55.3	37.7	22.9
2010	66	58.7	34	21.8
2011	72.1	61.6	27.9	18.3

从政府分担比例的发展变化来看(图 4-2),全国分区域的普通高中教育政府分担比例变化图中,西部地区的政府分担比例一直最高,其次是东部,中部地区政府分担比例最少,也就是说政府分担比例与经济发展水平并不存在线性关系。2003 年中部地区政府分担比例最低达到 47%,东、中、西部地区经费的政府投入占比普遍经历了缓慢减少并增加的过程,目前的走向是政府投入所占比例持续增加,2011 年,西部、东部和中部地区的政府分担比例分别达到了 79%、75% 和 67%,区域之间的差距在逐步缩小。这说明

我国普通高中教育政府分担比例在逐步提高,西部地区政府分担比例偏高的原因,可能是因为国家西部大开发的战略得到的政策扶植以及国家向西部投入的大量转移支付。而相对于中部和东部地区来说,西部的学生规模较小,因此政府分担比例最高。

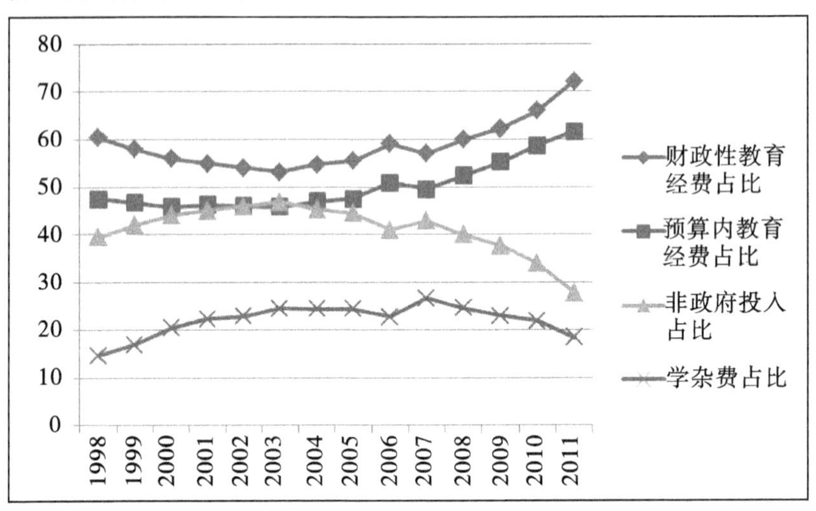

图 4 - 1　按收入来源划分的教育经费分担比例(1998—2011)

我们将进一步地通过各省的政府分担比例变化分析其差异(表 4 - 3)。第一,西部地区由于经济发展水平较低,非政府分担比例普遍较小,政府承担了普通高中教育经费的大部分。具体表现为民族地区政府分担比例大,西部普通高中教育的发展为政府主导型。由于西藏的特殊性,西藏的政府投入所占比例几乎都在 90% 以上。此外,云南、青海、宁夏和新疆的政府分担比例也均在 70% 以上,青海的政府分担比例更是一直都不低于 80% 。广西、重庆、四川和陕西的政府投入所占比例则都经历了先减少再逐步增加的过程,最低值基本位于 50% 以上。总体来说,西部地区各省普通高中成本分担中政府的作用明显,其发展模式基本上是以政府投入为主,某些地区经历了政府和非政府共担的过程,但政府分担比例均很快提高,2011 年西部各省政府分担比例均高于 70% 。第二,东部地区政府分担比例并不均衡,直辖市政府分担最高,基本以政府投入为主,政府投入比例最低的为浙江省。东部地区中三个直辖市的政府分担比例最高,上海更是在 1998 年政府投入占比就达到了 77% ,为东部最高,之后经历了逐步下降的过程,2002 年降至最低点 61.6% ,随后一路爬升至 2011 年的 85.3% ;北京和天津政府分担的比例经历了一些小的波动,但总体上说,一直在增加,至2011年分别达到88.8%和80.8%,普通高中教育主要由政府承担。东部地区国家投入比例最少的浙江省,从1998年的49%发展到2011年的55.5%,基本上属于政府和非政府共担的成本分担结构,普通高中教育成本的一半几乎都由非政府承担。江苏省和山东省政府分担比例与浙江省所差无几,2003年的时候最低达到了44.4%和45.7%,但之后政府开始努力增加自身投入所占份额,至2011年达到66.7%和75.7%,逐步开始建立以政府投入为主的普通高中教育财政政策。东部其余各省在14年的发展中,虽有波动,但基本上做到了以政府投入为主,至2011年,政府投入所占比例均在70%以上。第三,中部地区各省分担比例差异较大,包含了以政府投入为主、政府和非政府共担和以非政府分担为主的三种结构。中部各省中政府分担比例高于60%的并不多,黑龙江省为中部地区政府分担比例相对较高的省份,从1998年的58.4%逐步增加到2011年的76.7%,虽然中间有所波动,但大部分年份政府分担比例都能维持在60%以上,山西省、吉林省和安徽省的发展相类似,1998年的时候政府分担比例都高于60%,之后都经历了逐步减少再增加的过程,其中江西省的政府分担比例在2004年最低达到了48%,直到2010年其比例也未超过60%,但2011年迅速提高到71%。中部地区政府分担比例最低的两个省分别是湖北省和湖南省,在2006年之前政府分担比例几乎都没有超过

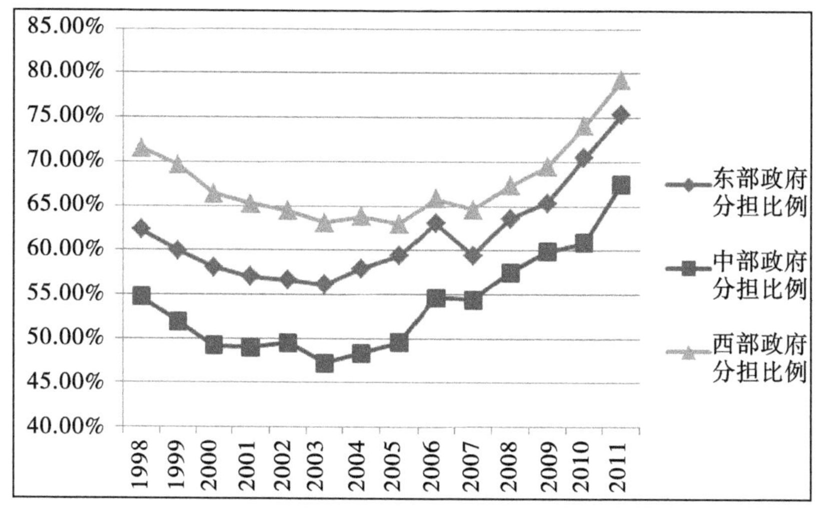

图4-2　不同区域地方高中教育经费政府分担比例(1998—2011)

40%，直到2010年湖北省的政府分担比例仍未超过50%，其成本分担结构明显的是以非政府为主。总体来看，与东部和西部相比，中部各省的政府投入一直都处于最低水平，其成本分担包括了以政府分担为主、政府与非政府分担和以非政府负担为主的三种不同结构，东部地区主要以政府负担为主，西部地区基本为政府主导型，政府负担比例最高。

表4－3 各省高中教育经费中国家财政性教育经费占比(1998—2011) 单位:%

区域＼年份		1998	1999	2000	2001	2002	2003	2004	2005	2006	2007	2008	2009	2010	2011
全国		60.4	57.9	55.9	54.9	54	53.1	54.7	55.5	59	57	60	62.3	66	72.1
东部	北京市	66.9	71.7	72.4	73.5	71.1	68	73.9	74.5	78.6	74.5	76.1	76.6	85.6	88.8
	天津市	75.5	68.9	67.1	68.4	67.2	62.7	65	63.6	73.6	65.3	72.9	74.4	78.2	80.8
	河北省	61.2	60.1	56.6	56.2	54.1	54.4	57.3	61.6	63.4	61.4	66.9	69.5	71.7	75.6
	辽宁省	61.8	58.9	57.4	51.6	52.3	54.8	51.9	55.3	66.5	65.3	71.5	72	75.6	80.5
	上海市	77.1	75.6	68.2	63.2	61.6	63.8	66.4	69.5	70.4	69.5	71.6	74.8	77.7	85.3
	江苏省	55.2	52.7	50.3	46.4	44.9	44.4	45.2	47.1	48.5	49.3	50.7	52.8	57.9	66.7
	浙江省	49.1	47	46.8	49.1	46.5	48.8	51.5	51	52.3	46.8	45.9	46.3	51.8	55.5
	福建省	65.5	60.1	58.1	56.6	57.6	59.7	58.3	55.5	56.4	52.6	59.3	62.1	67.1	71.6
	山东省	56.3	51.7	53.5	51	48.4	45.7	49.4	51.7	56.3	57.4	62.5	65.6	69.2	75.7
	广东省	64	61.8	62	61.9	62.9	60.6	63.1	60	63.4	59.9	57.8	62	65.4	70.1
	海南省	52	50.8	46.2	49.2	55.9	54	55.1	63.4	63.7	51.5	64.5	62.9	74.6	78.3
中部	山西省	63.4	59.4	53	52.6	51.1	49.8	52.1	55.7	59.3	53.4	59.9	59.3	61.9	65.7
	吉林省	60	54.9	51	53.1	57.6	50.6	53	52.6	63.1	66.	70.3	71.4	73.2	73.2
	黑龙江	58.4	59.9	61.2	60.2	64.5	59.3	63.3	60.9	67.3	67.3	70.2	74.2	74.1	76.7
	江西省	65.3	56.1	53.3	51.1	48.8	48.7	48	51	54.1	53.6	56	59.9	59.7	71.7
	安徽省	52.8	51.2	49.4	48.3	47.8	45.7	46.2	46	48	47.2	50.8	51.6	54.6	66.1
	河南省	56.7	53.4	51.3	51.4	49.7	50.3	50.2	52.5	57.9	59.6	60	62.5	60.1	70.8
	湖北省	37.1	37.8	36.9	38.8	40.3	38.5	37.7	38.8	41.8	42.7	44.5	46.6	48.7	55.7
	湖南省	44.3	42.5	37.5	36.3	36.2	35	36.5	39.2	45.9	45.2	48.6	53.5	54.9	59.8

续表

区域 \ 年份		1998	1999	2000	2001	2002	2003	2004	2005	2006	2007	2008	2009	2010	2011
西部	内蒙古	69.1	66.8	56.8	58.5	58.7	60.1	60.3	61.3	63.4	62.9	68	72	79.2	83.1
	广西	57.2	55	52.2	51.8	54.3	51.4	51	52.4	55.7	57	55.3	62.2	68	74.2
	重庆市	57.5	55.2	55.5	53.7	51.4	52.4	54.9	53	58.7	53	59.5	62.3	65.4	73.4
	四川省	66.6	64.6	60.4	58.1	54.7	52.8	50.8	50.2	54.5	55.3	61.7	58.3	62.4	71
	贵州省	68.3	65.3	60	59.8	60.7	57.2	59	59.1	60.7	58.8	61.2	62.5	63.1	72.3
	云南省	80.7	77.1	76.5	77.5	73.4	72.6	74.1	70.7	73.7	69.4	71.1	75.1	78	80.5
	西藏	94.4	95.4	93.4	88.6	91.5	90.9	91.7	86.7	84.5	92.3	93.1	93.7	93.4	96.4
	陕西省	68.2	64.9	59	53.9	54	50.1	50.8	50.2	56.8	55	61	65.7	70	75.8
	甘肃省	81	80.6	78	71	69.6	68.3	68.3	64.7	67.6	68.2	72.7	75	77.3	81.5
	青海省	84.2	86.5	83.7	84.3	84.5	85.1	85	84.8	85.3	82.3	85	88.4	93.3	93.7
	宁夏	72.1	68	68.6	70.7	70.8	70.6	73.3	72.7	71.3	79.2	71	65.9	78.8	83.8
	新疆	82.1	82.3	79.2	78.2	76.4	73.7	74.1	73.3	76.4	69.7	73.6	76.3	79.6	82.6

4.3　政府分担比例影响因素分析

我国普通高中教育明确提出在财政投入上要以政府分担为主，从各地对普通高中教育政府分担比例的描述性分析可以发现，我国普通高中教育政府分担比例差异较大，表现为西部地区政府投入所占比例最高，之后是东部和中部地区，总体来说，普通高中政府分担比例呈现出上升的趋势。

我们进一步通过普通高中教育政府分担比例的基尼系数（图 4－3）分析省际支出的不平等变化及其特征。从 1998—2010 年间的基尼系数可以看出，首先总量投入方面基尼系数的变化呈现出由稳定到减少的趋势，2004 年之前基本稳定在 0.11 之下，2004 年之后开始了急速地下降，说明从投入总量上来讲，我国普通高中的政府分担比例省间差异呈现出减小的趋势，政府都加大了在普通高中教育投入中的占比。从生均的角度比较，生均支出政府分担的基尼系数高于总量投入的基尼系数，差异在 2003 年之前基本维持在0.13，2003年之后经历了迅速的下降，直至 2007 年，之后开始有小幅度的上升，基本维持在 0.09。由政府分担比例的基尼系数可以发现，不论是在总量投入还是在生均支出上，都表现出了下降的趋势，虽然生均层面基尼系数更大一些，但是幅度不是很大，说明我国地方政府在逐步地加大对普通高中的投入，确立了普通高中教育投入政府投入为主的主体地位。

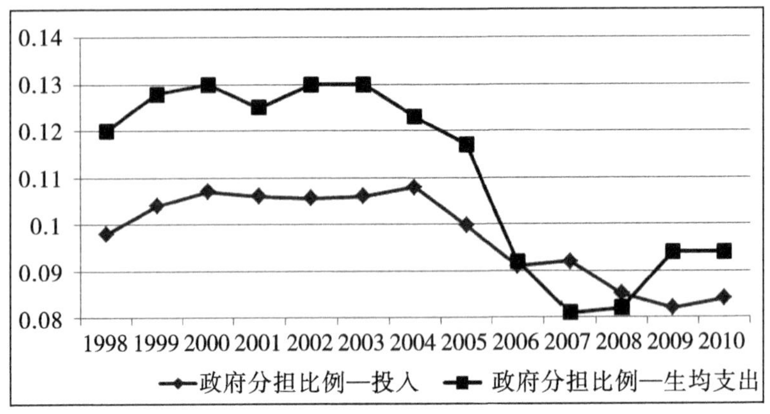

图4-3　地方普通高中政府分担比例基尼系数(1998—2010)

1．指标选择和模型设定

基于上述分析，我们进一步分析普通高中教育经费投入中影响政府分担的因素，有助于我们更好地理解促使政府分担比例变化的原因。一般而言，需求方和供给方相互作用影响着政府普通高中教育成本分担。影响政府分担的供给因素主要包括两类：第一是政府所拥有的可供分配的经费资源，即一个地区的经济水平和财政能力；第二是政府普通高中教育的投入偏好，即政府财政性教育经费用于教育的比例。影响政府投入的需求因素主要包括个人需求和社会需求，个人需求包括家庭收入水平、个人承担的教育成本；社会需求是个人需求的汇总，包括地方经济发展水平和学生规模。因此，从需求和供给角度出发，可以将影响政府投入的因素分为三类，分别为社会经济因素、财政和教育财政因素以及人口因素。我们从需求和供给角度出发，构建出相应的计量模型，对影响地方普通高中教育经费政府分担比例的因素进行实证分析。其中地方财政和教育财政因素影响着供给方，地方人口因素则影响着需求方，而地方经济因素则既影响供给又影响需求。这里的地方普通高中不含央属高中和完全中学的初中部分，只包括地方普通高中的数据，具体模型如下：

$$GR_{it} = \alpha_0 + \beta_1 \cdot FIS_{it} + \beta_2 \cdot EDU_{it} + \beta_3 \cdot POP_{it} + \beta_4 \cdot EC_{it} + \gamma \cdot EC_{it} + \alpha_i + \varepsilon_{it}$$

上述模型中 i 表示具体的省份，t 表示具体年份，ε_{it}为模型误差项。被解释变量(GR_{it})是第 i 省第 t 年的地方普通高中教育财政性教育经费收入占地

方普通高中教育经费收入的比例,所选数据来自历年《中国教育经费统计年鉴》。选取的解释变量包括:

(1)地方财政收入(FIS_{it})。地方的本级财政收入水平是一个地方财政能力的体现,财政收入较高,则有更多的资源用于各项公共服务;财政收入较低,则只能保障必须支出及政府偏好支出。因此,地方财政收入是普通高中教育政府分担的基础和前提。前文对政府分担比例的描述性分析可以发现财政收入相对较高的东部地区与财政收入较低的西部地区教育经费政府分担比例较高,中部地区政府分担比例则较低。因此,我们假设地方财政收入与普通高中政府分担比例之间是非线性的关系,那么就可以加入地方财政收入的二次项来验证我们的假设。地方财政收入数据来自历年《中国财政统计年鉴》。

(2)地方教育财政投入(EDU_{it})。包括政府财政对于教育和普通高中教育的偏好程度——地方财政性支出用于教育的比例和政府教育投入用于普通高中的比例及地方普通高中学杂费收入所占比例。地方教育支出数据来自历年《中国财政统计年鉴》,教育经费相关数据所选数据均来自历年《中国教育经费统计年鉴》。

(3)学生规模因素(POP_{it})。考虑到高中阶段学生规模及普通高中学生规模的问题,我们使用地区普通高中学生数占高中阶段学生数的比例。另外,在义务教育基本普及的前提下,从初中升入高中的升学率的变化中也可以看出高中学生规模的变化。其中地方普通高中学生数、中等职业学校学生数、地方普通初中毕业生数和地方普通高中招生数均来自历年《中国教育统计年鉴》。

(4)地方经济因素(EC_{it})。可以反映当地经济发展水平。由于经济发展水平越高,居民收入增加,财政收入也会增加,因此这一因素可间接反映地方政府的居民收入水平和财政收入水平,以人均 GDP 为指标表示一个地区的经济发展水平,其大小根据历年《中国统计年鉴》数据计算所得。

为了检验结果的稳健性,依次加入变量向量(X_{it}),分别加入城镇居民人均收入和农村居民家庭人均纯收入作为控制变量,考察城镇和农村居民不同收入水平下各变量对于普通高中教育经费政府分担比例的影响。另外,由于中央对地方的转移支付不同,有些地区虽然人均财政收入很低,但其支出很高,因此可加入人均财政支出及其二次项的变量来验证地区财政支出水平对于政府分担比例的影响。其中,城镇居民人均可支配收入和农村居民家庭人均纯收入的数据来自历年《中国统计年鉴》,财政支出数据来自历年《中国财政统计年鉴》,地区总人口来自历年《中国统计年鉴》。人均财政收入、人均财政支出、人均 GDP、城镇居民人均可支配收入和农村家庭居民人均纯收入均采用对数形式。在回归方法上,本书使用的是固定效应模型,其好处是可以有效消除 α_i 的影响,α_i 有可能是某地的文化传统、居民对教育的重视程度、地理位置和政府的财政偏好等,这些因素可能既影响普通高中财政性教育经费投入,又与其他解释变量相关,而且这些因素在短期内不会发生变化,而固定效应模型则可以有效地消除这些因素的影响,对 6 个模型的 Hausman 检验结果也说明采用固定效应模型更合适。

表 4 -4 给出了各变量的描述性统计,通过 1998—2010 年各变量的均值、标准差、最大值和最小值,我们对各变量的变化有一个直观的了解。其中人均 GDP、城镇居民人均可支配收入和农村居民家庭人均纯收入均按照物价指数价格调整方法,以 1998 年全国平均价格为不变价格,进行了调整。虽然是面板数据的统计,我们从其特征值能够发现其发展不平衡程度。从政府分担比例来看,均值为 61% ,整体来看是政府分担为主,最小值为 35% ,最大值为 93% ,差距显著;人均财政收入最高值是最低值的 47 倍,人均财政支出的最大值是最小值的 27 倍,可见人均财政收入的不平等程度更大,经过转移支付之后的财政收入不平等程度有所减少。各地财政用于教育的比例同样差异巨大,均值为 16% ,最大值比最小值多了 41% ;对普通高中的投入最大值是最小值的 4 倍,均值为 10% ;学杂费占比的均值为 21% 。从学生规模来看,最大值表示高中阶段教育学生中 95% 就读于普通高中,最低也有 48% 的学生就读普通高中,平均来说有 67% 的学生就读普通高中,说明了普通高中在高中阶段教育中的地位。

表 4 -4　各变量的统计性描述(1998—2010)

变量	样本数	均值	标准差	最小值	最大值
地方高中教育经费政府分担比例	390	0.61	0.11	0.35	0.93
地方人均财政收入(元)	390	1 170	1 257	165	7 825
地方人均财政支出(元)	390	2 128	1 672	336	9 209
教育支出占财政支出的比例	390	0.16	0.04	0.04	0.45
地方政府对高中的偏好程度	390	0.10	0.22	0.04	0.17

续表

变量	样本数	均值	标准差	最小值	最大值
地方高中学杂费所占比例	390	0.21	0.80	0.04	0.41
初中升学率(普通高中)	390	0.40	0.11	0.14	0.66
地方高中阶段普通高中学生规模占比	390	0.67	0.09	0.48	0.95
地方人均GDP(元)	390	13 580	9 291	2 166	50 109
地方城镇居民人均可支配收入(元)	390	8 600	3 259	3 730	21 029
地方农村家庭人均纯收入(元)	390	3 045	1 350	1 192	8 688

2. 回归结果分析

利用面板数据,表4-5给出了实证模型的回归结果,我们分别就财政、普通高中教育财政、人口和经济等五方面的影响分析普通高中教育政府分担比例。

第一,财政因素。各地人均财政收入与普通高中教育经费政府分担比例呈显著的"U型"关系,即在其他条件相同的情况下,人均财政收入最低的省份政府分担比例较高。随着地方财政收入的增加,政府分担比例下降,而当财政收入达到一定水平之后,政府投入的比例又开始上升,这一结果也验证了我们之前的假设。人均财政收入较低时,地方财政能力有限,因此有限的财力集中用于与居民生活密切相关的代表必须支出的福利性公共产品领域;财政收入有了一定提高的地区,一方面居民接受普通高中教育的意愿更强烈,另一方面政府为了发展经济,会注重与经济发展相关的基础设施建设等公共物品的提供,以吸引更多的资本,从而挤占属于非义务教育的普通高中经费。因此,政府分担比例开始逐步地下降;不过,随着地方财政收入和财政能力的增加,政府有能力兼顾基建类公共产品和福利性公共产品,作为基础教育的普通高中经费中政府承担的比例会逐渐增加,与其财政能力相适应。控制了居民收入变量之后,其结果保持了一致性。而且为了验证模型的稳健性,我们进一步从财政支出的角度,验证地方财政水平和政府分担比例的显著"U型"关系。

第二,教育财政因素。主要包括两个部分:一个是地方政府对于教育以及普通高中教育的偏好,第二是普通高中教育个人分担比例的影响。首先我们发现,地方政府不论是对教育还是普通高中教育的偏好,结果都不显著。关于个人分担比例的影响,我们使用了最具有代表性的学杂费支出比例，结果表明，学杂费所占比例对政府分担比例的影响显著负相关，按照基本模型1的结果，学杂费每增加1%，政府分担比例下降比例为0.75%，加入不同控制变量之后，结果表现出了很强的一致性。也就是说，个人分担比例越高，则政府分担比例越低，个人分担比例与政府分担比例表现出此消彼长的发展态势。

第三，普通高中学生规模因素。高中阶段普通高中规模占比与政府分担比例呈显著负相关，模型1的结果显示，普通高中学生占高中阶段学生规模的比例每增加1%，政府分担比例下降0.1%。也就是说，高中阶段学生中，普通高中学生规模越大，政府分担比例越低。从政府和个人的角度来看，学生规模大，而政府的财政能力有限，因此随着学生规模的增加，政府投入的增加速度低于学生规模的增加速度，因此相对于学生规模的增加，政府负担比例在下降。另一方面，学生规模的增加意味着更多的学生选择了普通高中教育，家庭对于普通高中教育的偏好使得其愿意为子女投资高中教育，因此两方面的共同作用使得政府投入比例减少，反之亦然。

第四，收入因素。从城镇居民收入和农村居民收入的影响来看，都对政府分担比例有显著的正向影响，但代表经济发展水平的人均GDP的影响并不显著，这有可能是因为从供给上来看，经济发展水平与财政收入和支出有着很强的相关性，因此，在地方财政能力显著相关的前提下，其表现不显著。

表4-5 地方普通高中教育经费政府分担比例的影响因素(1998—2010)

解释变量	因变量：地方高中教育经费政府分担比例			
	(1)	(2)	(3)	(4)
人均财政收入	-0.083 5*	-0.094 4**	-0.094 8**	
	(0.045 1)	(0.039 0)	(0.037 1)	
人均财政收入平方	0.008 90***	0.008 23***	0.006 06**	
	(0.002 81)	(0.002 74)	(0.002 69)	
人均财政支出				-0.109**
				(0.051 3)
人均财政支出平方				0.010 0***
				(0.003 50)
教育支出占财政支出比例	0.022 8	0.020 4	0.000 638	0.019 8
	(0.054 3)	(0.053 8)	(0.052 4)	(0.054 7)

续表

解释变量	因变量:地方高中教育经费政府分担比例			
	(1)	(2)	(3)	(4)
政府对普通高中教育的偏好	-0.016 2	-0.046 8	0.045 1	-0.119
	(0.154)	(0.152)	(0.147)	(0.150)
地方高中学杂费所占比例	-0.753***	-0.751***	-0.715***	-0.732***
	(0.046 4)	(0.045 5)	(0.044 7)	(0.049 2)
初中升学率(高中)	0.045 3	-0.005 87	-0.005 24	0.063 3
	(0.049 3)	(0.051 5)	(0.044 4)	(0.048 3)
高中阶段普通高中规模占比	-0.101***	-0.101***	-0.075 5***	-0.108***
	(0.030 0)	(0.029 3)	(0.028 8)	(0.030 3)
人均 GDP	0.007 81	-0.003 01		
	(0.025 0)	(0.023 5)		
城镇居民收入		0.060 8**		
		(0.027 5)		
农村居民收入			0.143***	
			(0.027 1)	
常数项	0.894***	0.546**	0.029 8	1.093***
	(0.163)	(0.215)	(0.212)	(0.244)
样本数	390	390	390	390
R^2	0.638	0.643	0.665	0.633
模型设定检验结果	固定效应	固定效应	固定效应	固定效应

注:(1)被解释变量:普通高中教育经费政府分担比例;

(2)表中所示为回归系数,括号中报告的是标准差,所用数据均不包含西藏地区;

(3) *:$^{*}p < 0.10$, $^{**}p < 0.05$, $^{***}p < 0.01$。

第5章　普通高中教育层级政府分担：理论、现状和实证分析

5.1　层级政府分担的经济学分析——基于政府偏好的视角

在前文我们已经知道，经济学家最初使用“偏好”来解释消费者选择行为，偏好在现实约束条件下，表现为对价值的排序，不同商品价值之间是互斥的。“政府偏好”被很多经济学家用来解释政府的政治行为，这里假定政府是自利的个体，政府偏好就是政府在政治行为过程中，为了自身利益或所代表的公共利益最大化表现出的期望。我们分析政府行为，其核心实际上是分析政府偏好，政府不同偏好会导致不同的行为。而政府的偏好容易受到制度环境、利益团体、居民等方面的影响。由于公共问题的多样性和政府预算约束，因此政府需要对其所承担的各项公共事务做出轻重缓急的次序安排。

我们发现政府在不同时期其政策目标和政策导向是不同的，也说明随着制度的改变，政府偏好是动态的。而政府对其所提供的公共物品价值排序的变化就反映了政府偏好的转变。在政府制定政策的过程中，获取和维护其权利是一个重要目标，而在此过程中，利益群体和居民都会尽可能地对政府偏好施加影响，维护自身的利益，以使得政府偏好尽可能最大化自身效用，因此政府偏好很好地体现了社会各方利益博弈的结果，所以它是动态的可变的。对政府偏好的研究首先是从阿罗（Arrow，1951）的社会选择理论及布坎南（Buchanan，1962）的公共选择理论开始。西方经济学对政府偏好的研究都伴随着对财政分权和公共产品的研究。学者们的研究几乎全部以假设中央政府和地方政府偏好一致为前提，Tiebout（1956）认为由于地方政府不存在信息缺失问题，教育一类的公共物品应该由地方政府提供，因此而引

入了分权与政府偏好的概念,居民的偏好则通过“用脚投票”体现出来。Oates(1972)从供给成本的角度对中央和地方提供公共物品进行了研究,而DM模型的建立,将关注点转移到政府对于基础建设类公共产品和福利性公共产品的提供的偏好上(Dewatripont& Maskin,1995),之后钱颖一等人(1998)以DM模型为基准,发现分权有利于基础建设类公共产品的供给,但是教育等福利性公共产品仍会供给不足,而集权下两类公共品均会出现供给不足。现实情况是中央政府和地方政府面临的公共选择和预算约束均不一样,其政治目标也有所不同,同时还面临着信息不对称的问题,因此,中央和地方政府经常会表现出偏好不一致的现象。西方对此的研究基本是基于选民偏好的不同,从而影响了不同政府的偏好(Besley & Coate,1997;Besley & Ghatak,2001)。丁菊红等学者(2008)根据政府偏好的变化,创建动态博弈模型,解释了中国分权改革进程及最优分权程度的决定问题。

从政治体制上来说,我国是以自上而下政治集权的方式运转的;从财政体制上来说,自分税制以来,中央和地方开始了财政分权化改革,我国的财政分权体制逐渐显现。托马斯·海贝勒(2005)对中国的政治权威体制及其特征做了一个很好的总结:“中国并非是一种同质的权威主义政体,而是一种分权的权威主义政体。”其特征包括:第一,公共政策不是由中央政府单独决定的,而是各个利益主体博弈共同决定的;第二,政府可被理解为各利益主体和社会相互冲突和作用塑造而成的;第三,多种差异性模式共存,并被中国政治层接受;第四,不断发展的公共领域雏形正在形成,舆论的作用正在扩大。崔之元(1998)将中国的政治力量分为三个层次,上层为中央政府,中层为地方政府和新兴资本大户,下层为一般居民。地方政府的官员并不是由当地居民选举产生,而是由中央政府任命的。因此,政治晋升成为中央激励地方政府的一种强力手段,但是地方政府在很多时候与中央政府的利益并不一致,中央政府对地方政府的信息获取能力有限,因此地方政府有很大程度上的自主权,但由于晋升机制的作用,中央政府对地方政府有一定的威慑力。对于中国政府结构的研究一直有两种形式,一种是“自下而上”的研究方式,强调地方政府的作用,Montinola、Qian 和 Weingast (1995)认为行政分权和财政分权赋予了地方政府很多的自由空间,进而引致了地区的竞争,迫使地方政府致力于发展本地经济。但地方政府在发展经济的同时,容易产生地方保护主义的倾向,而且一旦掌握主动权,政府行为的短期性和随意性会加强。另一种是“自上而下”的研究方式,认为“自下而上”的研究途径严重低估了中央政府对地方政府的激励策略和控制能力(Edin, 2003)。政治集权如何影响财政和经济的分权呢? Li 和 Zhou (2005)认为改革开放之后,中央政府利用政治集权的优势为地方政府建立了关键的激励机制,即以GDP增长为主要指标的政绩考核机制和基于政绩的官员晋升机制。但政府具有多维度和多任务的特征,这种激励和考核机制的负向影响就是地方政府只关心关键的与经济发展相关的考核点,而忽略地方公共福利性,关乎长期影响的任务。杨雪冬(2009)把这种现象概括为“地方政府责任的泛经济化”。

钱颖一、周业安等人在研究中国的财政分权问题时指出,中国在集权逐步分权的过程中形成了“经济联邦主义”,地方政府在分权的过程中开始相互竞争。李涛和周业安(2009)按照竞争的性质,将辖区竞争划分为溢出效应、财政模仿和标尺竞争三种方式。其中溢出竞争是针对公共服务正的外部性导致周边辖区免费乘车的行为,财政模仿指各地区相互模仿公共政策致使政策趋同的行为,标尺竞争则是各辖区的地方政府的政策被选民当作标尺用于考核政府是否可获得连任的行为。对财政分权的研究发现,其激励机制改变了公共产品的供给行为,导致其供给结构出现扭曲,表现为重基本建设、轻公共服务(平新乔和白洁,2006;傅勇等,2007),自改革开放以来,国家把政策重心放在了发展经济上,由于激励机制的作用,地方政府纷纷把经济发展作为核心目标,反映在公共产品的供给上,则是财政投入偏好于经济发展相关的基建类公共产品,以便吸引更多的企业和资金投入当地的经济建设,而对于教育等福利性公共产品的供给兴趣不大。具体到教育投入,研究者们发现公共支出结构的扭曲导致教育投入不足,教育发展的收入分权不足而支出分权过度(乔宝云等,2005;周业安等,2008)。教育投入带有一定的时滞性,外部性又很强,因此,地方政府对教育的投入积极性并不大,而在教育内部的资金分配中,由于高等教育的回报率高,而且可以短期内为当地服务,将知识储备转化为人力资本,因此省级政府更偏好投入高等教育。不过这里我们仅仅是分为中央和省级政府来考虑,我国政治体制包括中央—省—地市—县四级体制,田志磊(2012)通过对地市和县两级政府的支出偏好的研究,发现地市本级政府比县级政府有着更强的基本建设支出偏好,而县级政府比地市本级政府有更强的教育支出偏好。本研究讨论的普通高中教育及整个基础教育实质上是由省以下地方政府提供,尤其是基础教育

"以县为主"的政策,使得县级财政对基础教育的投入较大,田志磊(2012)利用 2007 年全国县级数据发现,县级政府承担了 90% 左右的义务教育,而地市本级政府负担了整个城镇高中教育的 40%。也就是说,县级政府承担了所有的农村高中及城镇高中的 60%,实际上我国的高中实行的仍旧是"以县为主"的模式,Tibout 模型中"用脚投票"的定律,在我国城镇同样适用,居民在选择城镇和购置房产时,会综合考虑该区域的教育资源,尤其是基础教育资源,也就是我们常说的"学区房",而房地产的价格会直接或间接地影响该地区的经济发展水平和财政资源,这也会激励地方政府提供更好的基础教育服务,这也就可以很好地解释我国基础教育为什么是"以县为主"的管理政策。

财政分权的一个后果则由于各地的经济发展水平不同,对基础教育的投入差异很大,导致教育投入地区间差异愈来愈大。有人建议将基础教育权限上收,但是教育集权会存在一个很大的问题——信息不对称,地方政府为了增加中央政府投入,易出现虚报自己的教育成本,且尽量不使用自身资源办教育。当然最重要的原因是中央政府并不了解当地居民的偏好,从而加大了投入困难。所以面对财政分权导致的地方政府财力差异的问题,大多选择转移支付的方式进行补贴和调节。

政府之间的转移支付是财政分权制度的一个重要组成部分,按照 Tibout 模型的设定,地方政府比中央有优势提供符合辖区居民利益的公共产品组合,但是引致的问题包括各地的经济发展水平不同,提供公共产品的能力有差异,由此使得各地的公共服务差异过大,某些经济落后地区甚至无力提供最基本的公共服务。因此,中央政府有责任平衡各地的公共服务,使其公民均能享受到基本的公共服务。转移支付的作用是弥补地方财政收支,实现均等化,解决辖区公共服务外部性的问题等(刘小明,2001;谷成,2009)。学者们基本认同的转移支付是财政资源在政府间单方面无偿流动(马海涛,2003;安体富,2007;徐阳光,2008)。之所以需要对教育进行转移支付,首先跟教育的外部性关系密切,尤其是基础教育,由于各地区间人口的流动性很大,优质的人力资本会流向高等教育资源丰富且质量高的区域,高等教育发达的地区作为人口流入地享有了流出地人口的人力资本,却不用承担其成本,从而使得流出地对普通高中教育或整个基础教育投入不足(Hoxby,1996)。这就需要省级政府或者中央政府加以补贴,以弥补地方的损失,提高地方教育投入的积极性。李世刚和尹恒(2012)利用 2002—2005 年的数据,对中国县级财政的研究也表明,基础教育财政支出本身具有外溢效应,而中国居民对于基础教育的需求并不存在很大的差异,尤其是地市以上层面,因此为了纠正基础教育财政支出偏低的状况,改善公共支出效率,上级政府应承担更多的教育支出责任。

二、层级政府普通高中投入偏好的现状分析

首先需要指出的是,政府的普通高中教育投入偏好指的是政府教育投入用于高中的比例,其比例越高,说明政府在对教育资源进行配置的时候越倾向于向普通高中倾斜,也说明政府更偏好于投入普通高中教育;比例越低,则说明政府对普通高中教育并不重视,教育资源更倾向于投入其他层级教育中。政府分担比例的差异与各地政府对于普通高中的重视程度和偏好关系密切相关,我国在经费制度上一直都要求基础教育财政要做到以地方政府投入为主,普通高中教育需要与学前教育、义务教育和地方高等教育竞争地方财政性教育经费,特别是作为实行"以县为主"的教育财政政策的基础教育其中一环,需要与义务教育竞争有限的基础教育财政经费。1998—2011 年地方国家财政性教育经费用于小学、初中和高中的比例基本变化不大,整个义务教育所占比例基本维持在 60% 左右,而普通高中教育所占比例仅仅徘徊在 10% 左右,其余 30% 则主要用于学前教育和地方高等教育。可见地方政府对于普通高中教育经费的努力程度一直不够,由于义务教育是强制性教育,处于必须投入的范畴,因此地方财政资源优先并主要用于义务教育,同是基础教育组成部分的普通高中教育一直都不是政府支持的重心和热点,从表 5 - 1 中可以看出地方政府对义务教育的偏好表现出了延续性。

表 5 - 1 地方基础教育各级财政性教育经费占总财政性教育经费比例 单位:千元

年份	地方国家财政性教育经费	小学部分		初中部分		高中部分	
		财政性教育经费	所占比例	财政性教育经费	所占比例	财政性教育经费	所占比例
1998	177 168 810	65 547 199	37%	40 662 983	23%	14 553 427	8%
1999	201 056 778	72 774 491	36%	44 904 170	22%	16 430 454	8%
2000	228 310 507	80 546 439	35%	49 998 032	22%	19 246 996	8%
2001	272 359 002	97 733 643	36%	60 627 569	22%	24 132 981	9%

续表

年份	地方国家财政性教育经费	小学部分		初中部分		高中部分	
		财政性教育经费	所占比例	财政性教育经费	所占比例	财政性教育经费	所占比例
2002	313 824 523	113 065 322	36%	71 049 885	23%	30 603 903	10%
2003	346 024 954	123 407 979	36%	78 221 725	23%	35 821 090	10%
2004	404 683 474	143 970 134	36%	90 656 305	22%	44 593 867	11%
2005	475 147 663	164 443 087	35%	106 171 216	22%	54 457 357	11%
2006	565 621 950	196 967 204	35%	127 089 714	22%	65 748 834	12%
2007	749 216 313	266 297 499	36%	173 157 087	23%	78 942 781	11%
2008	946 802 278	328 432 192	35%	224 185 219	24%	95 491 896	10%
2009	103 931 872	395 762 178	36%	271 163 355	25%	110 122 958	10%
2010	1317 797 226	462 318 792	35%	313 893 507	24%	131 336 099	10%
2011	1702 328 655	572 834 611	34%	387 820 276	23%	178 377 848	10%

从东部、中部和西部的发展曲线图可知(图 5 - 1),东部地区国家财政性教育经费中用于高中的比例与中西部相比普遍较高,并占有绝对优势,中西部的比例变化则相差不大,可见经济发展水平是政府对普通高中教育努力程度的一大影响因素。经济发展水平较高,财政经费较为充足,地方政府有能力在基础教育阶段进行资源配置时向普通高中进行倾斜。政府投入用于普通高中的比例基本上都在 2005—2006 年之间达到最高,随之开始了快速下降并逐渐上升的过程,这可能是受到国家大力发展中等职业教育政策的冲击。

从省际的变动趋势来看(表格 5 - 2),基本上是在 10% 左右波动。首先,从东部各省的变动发现,除直辖市外,几个高考大省(山东、江苏、广东)都偏好于投入普通高中。天津、上海和江苏省从 1998 年至 2011 年其占比均高于 10%,天津市在 2006 年达到最高值 17.4%,但是到 2007 年却锐减至 11.9%,显然这是由于政策的倾斜所造成的。而辽宁省政府教育投入分到普通高中的部分却一直低于 10%,北京、山东和广东等地自 2000 年之后一直在 10% 之上,尤其是广东省在 2010 年政府投入用于高中的比例已达到 13% 以上,2011 年继续领跑。政府分担比例较少而个人分担比例较高的浙江省从 2004 年开始财政性教育经费用于高中的比例一直处于减少的趋势,发展到 2010 和 2011 年,其比例已降至东部最低。第二,中部地区各省政府投入用于高中的比例基本上在低于10%的水平上波动，对于个人分担比例较高而政府分担比例较低的山西省和湖南省，政府投入用于高中的比例在中部并不是很低，可能的解释是政府财政用于教育的比例不高，因此，虽然对普通高中教育的投入比例不低，但其投入水平并不高，导致政府分担比例较低而个人分担比例较高。1998年中部各省对高中投入的偏好基本比较接近，比例在6%—7%之间，但之后的发展各有不同，2011年占比10%以上的只有山西省和江西省，低于9%的则有吉林省、黑龙江省和安徽省，黑龙江省政府投入用于高中的比例则一直低于10%。第三，西部各省政府教育投入到普通高中的比例与中部各省相差不大，都处于较低的水平，即使其政府分担比例非常高。1998年国家财政性教育经费中用于高中的比例中，最低的贵州省只有4.6%，最高的甘肃省也只有8.5%，2011年分别增长到9.2%和12.9%，由此地方政府对高中的重视程度可见一斑，整体看西部各省的表现发现，相对投入较多，较为偏好高中的省份有内蒙古、甘肃、青海、宁夏和重庆，宁夏2004年政府投入用于高中的比例为西部最高（14.7%），12年间从未超过10%的有贵州、云南和西藏。2011年，全国范围内的省级比较发现，国家财政性教育经费中用于高中的比例最高的是甘肃省，最低的则是云南省，均出现在西部地区，而各区域不同省份用于高中的比例各有差异，对于某些政府投入用于高中的比例较高的省份，也反映出与各省的教育政策、教育资源配置的偏好有很大关系。

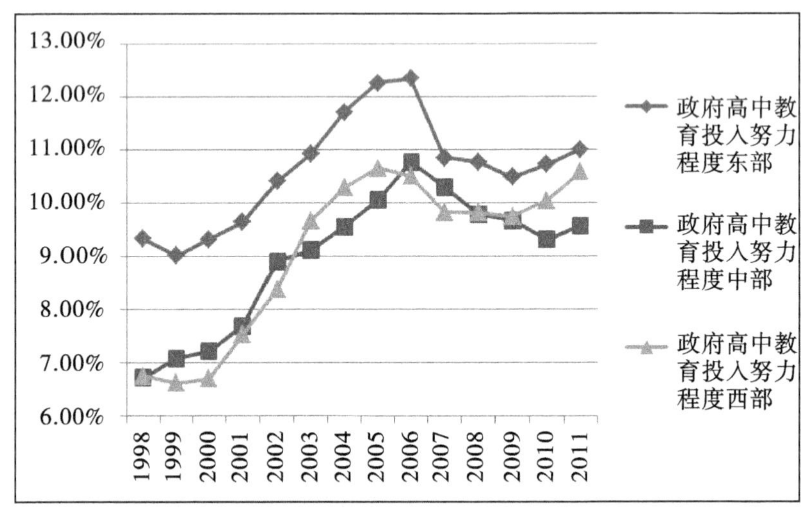

图5－1　分区域地方高中投入努力程度变动（1998—2011）

表5-2 各省国家财政性教育经费用于普通高中的比例(19982010) 单位:%

区域	年份	1998	1999	2000	2001	2002	2003	2004	2005	2006	2007	2008	2009	2010	2011
全国		8.2	8.2	8.4	8.9	9.8	10.4	11	11.5	11.6	10.5	10.1	10	10	10.5
东部	北京市	8.3	9.1	10.7	11	11.1	10.9	12.4	13.3	11.9	10.5	9.9	10	10.8	11.3
	天津市	14.9	11.5	12.7	13.9	14.2	13.8	15	15.2	17.4	11.9	12.1	11.9	11.4	11.1
	河北省	8.6	9	8.8	9.2	9.8	11	11.7	13.5	13.6	11.6	10.8	10.7	10.4	10.6
	辽宁省	7.1	7.3	7.6	7.3	8.5	9.5	8.2	8.4	9	9	8.9	8.5	9.2	9.5
	上海市	13.6	12.8	9.6	10.5	10.5	12	12.9	13	12	11	12	11	10.4	10.9
	江苏省	10.1	10.2	10.3	10.4	11.2	11.7	11.8	12	12.2	10.9	10.3	10.3	9.7	10.6
	浙江省	9.7	9	9.5	9.5	10.3	11.3	11.9	11.3	11.2	10.6	9.7	9	9.1	9.2
	福建省	6.6	6.9	8	8.6	9.4	10	10.7	12.1	11.5	11.6	11.1	11.5	11.5	12.1
	山东省	9.3	8.9	10.3	10.3	11.4	11.6	13.3	13.6	13.7	11.3	11.2	11.2	10.8	11.1
	广东省	9.4	9.3	10.3	10.2	11	11.1	13.1	13.5	14.1	12.7	11.5	12.7	13.2	13.3
	海南省	5	5.2	4.5	5.2	7.1	7	7.9	8.6	9.4	8	10.8	8.5	11.5	11.2
中部	山西省	6.5	6.6	6.9	7.4	8.5	8.8	9.5	9.8	10.6	11.4	11	11	11.4	11.7
	吉林省	6.7	6.6	6.1	6.4	8.8	8.7	9	8.6	10.4	10.4	10.3	9.9	9.6	8.1
	黑龙江	5.8	6.2	6	6.1	7.4	6.7	7.6	8.1	8.2	9	8.6	9.8	8.8	8.9
	江西省	7.3	7.6	9	8.9	9.5	10.1	10.3	11	11.4	10.7	9.9	9.9	9.7	11
	安徽省	6.8	7.4	7.8	8.5	9.2	9.5	10.5	10.7	10.5	9.2	9.3	8.9	8	8.5
	河南省	6.3	6.8	7	7.3	8	8.5	8.9	10	10.6	10	9.3	8.9	7.9	9.5
	湖北省	7.1	7.7	7.6	9	10.5	10.8	10.4	11	11.2	10.6	9.6	9.2	9.3	9.7
	湖南省	7.3	7.8	7.3	8.1	9.3	9.9	10.3	11.2	13.2	11.1	10.2	9.8	9.7	9
西部	内蒙古	6.4	6.5	6.8	7.7	8.1	9.7	9.7	10.6	11	10.7	10.6	10.7	11.1	11.3
	广西	5.2	5.4	6.2	6.6	7.4	8.4	8.6	8.9	8.4	8.3	7.2	7.9	7.3	8.4
	重庆市	7.5	7	7.2	8	9.3	10.5	11.5	11	11.7	9.7	11.4	10.2	10.9	11.9
	四川省	8.1	8.7	8.1	9.2	10.1	10.8	11.2	11.2	10.7	9.5	9.3	8.6	8.2	9.9
	贵州省	4.6	4.2	4.3	5.7	5.8	6.2	7.2	7.4	7.7	7.8	6.7	6.4	6.9	9.2
	云南省	5.5	5.3	5.3	5.9	6.8	7.5	8.6	8.9	9.6	8.9	8.2	7.7	8	8
	西藏	5.7	5.6	8.1	7.1	6.8	6.4	6.7	4.4	4.8	7	7.4	7.2	6.8	6.9
	陕西省	7.4	6.8	7.5	7.1	8.3	9.3	9.1	10.1	10	10.1	9.9	10.1	11.4	11.9
	甘肃省	8.7	6.6	7.2	8.4	9.6	11.4	11.9	11.6	10.6	10.7	10.5	10.8	11.9	12.9
	青海省	8.5	9.5	7.7	8.7	9.1	10.3	11.1	12.2	11.7	9	10.8	11.8	13.2	12.1
	宁夏	5.6	5.8	5.9	7.5	8.7	13	14.8	14.7	12.8	13	13.8	13.3	12.3	11.2
	新疆	7	7.1	7.5	7.9	8.9	9.2	9.6	10.6	11.2	10.5	9.6	9.7	9.2	9.5

5.2 地方政府普通高中教育投入偏好研究
——省级及市县级政府视角的实证分析

5.2.1 问题的提出

在我国经济体制综合改革的大背景下,教育作为重要的代际流动渠道,有助于缩小收入差距,并提高我国整体的人力资本素质,以成功跨过“中等收入陷阱”。普通高中教育作为连接基础教育和高等教育的桥梁,其对于国家公民整体素质和人力资本存量提升的意义不言而喻。《国家中长期教育改革和发展规划(2010—2020)》中提出,到2020年,普及高中教育;十八届五中全会再次明确提出“十三五”期间要普及高中阶段教育。与此同时,以上海为主的深化高中课程改革和高中学业水平考试制度改革正在推进中国普通高中的教育质量。如何从财政上保障普通高中教育改革的顺利稳定推进,成为一个重要议题。

我国普通高中教育一直以来都处于很尴尬的位置,与义务教育并称为基础教育,在我国目前的财政体制下实行的是“以县为主”的投入方式。但是由于国家从政策、执行到评估都重视义务教育,地方政府有限的资源首先要保障义务教育,之后才会考虑高中阶段教育;另一个与普通高中教育竞争财政性经费的则是中等职业教育。2002年6月,国务院出台了《国务院关于大力推进职业教育改革和发展的决定》。紧接着,2005年2月,教育部下发了《教育部关于加快发展中等教育的意见》,并建立了中等职业教育学生资助系统。随着我国义务教育进入免费时代,同时对于农村地区实行“两免一补”,中等职业教育相关各项政策也陆续出台。与此相对应的普通高中教育筹资制度缺乏明确的制度保障,与普通高中教育筹资相关的保障规定仅有两个中央文件,即1985年的《中共中央关于教育体制改革的决定》和2001年国务院颁布的《关于基础教育改革与发展的决定》。文件指出,实行“在国务院领导下,由地方政府负责,分级管理,以县为主”的体制。而事务责任和财权之间的不协调,地方政府与中央的财政偏好不一致,使得普通高中教育区域发展非均衡性加大。本文研究的问题之一就是省级政府对普通高中教育的努力程度,即地方政府普通高中教育投入偏好差异。

政府偏好容易受到制度环境、利益团体、居民等多方面的影响,在政府预算约束的前提下,政府需对其承担的公共事务做出不同的次序安排。在财政分权体制下,一方面由于各地经济发展水平和财政水平的差异,对基础教育投入的差异较大;另一方面地方政府更重视与经济发展相关的基建类公共产品的提供。本文研究的第二个问题就是影响地方政府普通高中教育偏好差异的原因。

在基础教育"以县为主"的财政投入体制下,对普通高中教育投入偏好的研究,不仅要放在省级差异范畴进行分析,更重要的是市县政府不同投入偏好的差异,因此本文研究的第三个问题,即通过对省级政府之间和市县政府不同投入偏好的分析,帮助我们更好地理解不同层级政府普通高中教育投入偏好。

5.2.2 文献综述

美国的基础教育财政改革基本上集中在教育财政均衡化运动,K－12 教育的目标被定为公平、充足和效率,由此导致学区的教育财政集权化增加。从历史上来看,美国的基础教育财政很大程度上是由地方负担的(Guthrie 等,2007)。在 1973 年之后基础教育的权限放在州级政府,最高法院裁决宪法并没有赋予联邦政府均等化教育财政的权利(Chakrabarti,2008)。从 1919—2003 年,州政府负担的教育经费从 17% 上升到 49%,学区负担比例则从 83% 减少到 43%(NCES,2006)。财产税通常是学区主要的教育财政收入,而财产税容易导致显著的教育财政不均等。平均来说,州政府将 78% 的教育转移支付用于平衡学区间财政不均衡,而 8% 用于平衡社会阶层的教育财政不均衡。对于分担比例较高的州,尤其是一些历史上扮演很强角色的州的立法机关会选择拨付新的资源用于学校。而对于与学区分担比例差不多的州来说,他们更愿意将有限的资源拨付给弱势阶层。而向主导地位过渡的州则更关注学区间的不均衡。(Fernandez 等,2003)提出要想获得社会期望的教育公平,可以设计地方政府之间的教育负担结构,或者采用财政转移支付手段达到目标。从财政学角度来讲,教育转移支付制度应当有两个基础:首先财政转移支付的目标以公平为基础,缩小地区间教育水平的差距;其次,转移支付的分配标准与教育充足性相关。布朗和杰克逊指出,转移支付制度应当服务于教育有两个理由:一是空间上的外部性,二是促进地区公平。

郭建如(2004)指出:税费改革和新的办学体制虽然强调了中央政府、省级政府以及县级政府的责任,但这几者的权力和责任究竟应该如何划分。在这样的情况下,地方政府(主要是县级政府)、省级政府和中央政府之间就产生了一个很大的博弈空间。高中教育的人力流动较大,具有较强的溢出效应。宗晓华指出地方政府在提供公共服务时面临着巨大的财政外溢,他采用多任务委托—代理模型,论证了地方政府在政治集权和财政分权的组织结构中,将系统地忽视产出不易测量的社会民生类公共服务的提供。并通过对影响普通高中入学率的因素进行实证分析,印证了地方政府尽其所能在削减公共教育服务的开支,并向居民转嫁。王蓉等(2008)利用31个省2000—2004年的数据发现,省以下财政体制对于教育支出占财政总支出的比例存在显著影响。邹俊伟等(2010)从地方政府教育投入偏好的视角对地方政府的教育财政政策绩效给予实证分析,指出在目前中国的地方决策体制下地方官员行为和分权体制的双重作用,是地方政府在提供诸如教育等基本福利方面行为变异的根本原因。

学者们针对政府教育投入偏好的研究基本从财政分权的角度,将基础教育视为一个整体,针对地方层级政府普通高中教育投入偏好的研究仍旧处于空缺的状态,由于县级数据获取困难,更多是从省级角度分析省际普通高中教育投入差异。本研究创新性地使用省级数据和县市级数据,分析省级政府和县市级政府普通高中教育投入偏好的差异及其原因,并提出相应的政策建议。

5.2.3 研究设计

(一)数据与变量

1.数据来源

本文数据分为省级数据和县级数据两部分,省级数据包括1998—2011年间全国省级经济、财政、教育和人口的相关数据。其中,省级经济和人口数据来源于国家统计局历年《中国统计年鉴》,财政数据来源于财政部历年《中国财政统计年鉴》,教育经费相关数据来自于教育部历年《中国教育经费统计年鉴》,普通高中教育统计数据来自于教育部历年《中国教育统计年鉴》。县级数据为2007年全国县级截面数据,其中财政数据源于财政部历年《地市县财政统计资料》,人口数据来自于公安部发布的《全国分县市人口统计资料》,教育经费、学生数等数据则来自于教育部统计资料。需要说明的是,文中相关的人均经济变量、人均财政变量和生均经费变量均按照1998年的全国平均价格①做了相应的物价调整,并进行了对数化处理。

(二)计量模型及指标说明

本文利用1998—2011年省级面板数据和2007年市县截面数据,试图回答我们关注的第二个问题,分析地方政府普通高中教育投入差异的原因。考虑到经济、财政以及与普通高中教育竞争资源的义务教育等各利益群体,分析在政府预算约束的前提下,地方层级政府对其承担的基础教育事务做出的不同次序安排。

一般来说,政府偏好不是一成不变的,政府在不同时期其政策目标和导向是不同的,也说明随着制度的改变,政府偏好是动态变化的,而政府对其所提供的公共物品价值排序的变化就反映了政府偏好的转变。地方政府对于普通高中教育偏好的改变同样会受到其财政能力和政策导向的影响,从以往的研究发现,地方政府更偏好于投入基建型公共产品,而中央政府则更偏好于服务大众的福利型公共产品的供给。当地方政府和中央政府的偏好出现不一致时,转移支付成为平衡中央和地方政府偏好的有力武器。地方政府在其财政能力有限的情况下,将优先投入建设型公共产品,对教育的投入更多的是依赖转移支付而非自身的财政收入,尤其是属于非义务教育的普通高中教育,因此,我们提出第一个假设。

假设1:上级政府对于下级政府的转移支付对其普通高中教育投入偏好具有正向的影响。

就基础教育来说,基础教育阶段包括义务教育和普通高中教育,义务教育作为强制性免费教育,其经费是地方政府必须予以保证的,只有满足了义务教育经费的需求之后,地方政府才会进一步地考虑同属基础教育的普通高中教育,因此,我们提出第二个假设。

---

① 参照了"Loren Brandt, Carsten A Holz. Spatial Price Difference in China: Estimates and Implications[J]. Economic Development and Cultural Change, 2006, 55:43-86"一文中对于中国综合物价指数调整的方法。

假设2:政府对于义务教育的偏好会对政府普通高中教育投入形成“挤出效应”,对其有负向影响。

为了验证以上假设,根据经济学的供给和需求理论,我们分别得出以下几个模型。

1. 省级政府普通高中教育投入偏好影响因素模型

利用1998—2011年省级面板数据,我们建立省级政府普通高中教育投入偏好模型:

$$GOV_{it} = \alpha + \beta \cdot TRAS_{it} + \gamma \cdot EDU_{it} + \delta \cdot POP_{it} + \theta \cdot EC_{it} + \alpha_i + \varepsilon_{it} \quad (1)$$

其中 GOV_{it} 为我们的因变量,使用政府财政性教育经费用于普通高中的比例表示政府普通高中投入偏好,其中 i 表示地区,t 表示时间。解释变量则由分别表示地方对中央财政依赖程度的转移支付($TRAS_{it}$)以及政府财政用于教育的比例和对义务教育的偏好(EDU_{it})、人口因素和经济因素构成。其中决定政府偏好的供给因素包括转移支付变量、教育资源配置变量;需求因素为经济变量和人口因素。

第一,转移支付变量($TRAS_{it}$)。使用地方转移支付所占比例表示①。其占地方财政支出的比例可以表示地方财政对于转移支付或者资助的依赖程度,转移支付所占比例越高,说明地方财政支出主要依赖于外来的资助,自身财政能力非常有限,财政自给度较差。

第二,教育资源配置变量(EDU_{it})。使用教育支出占财政支出的比例表示政府对教育的偏好;使用政府财政性教育经费用于义务教育的比例作为政府对义务教育的偏好。其中地方普通小学和地方普通初中财政性教育经费均来自于历年《中国教育统计年鉴》。

第三,人口因素(POP_{it})。使用高中阶段普通高中教育的规模占比来表示普通高中的规模;使用总人口来表示地区总的人口规模,人口规模越大,地区财政压力就越大。

第四,控制变量。控制变量为地区经济发展水平,分别使用地区人均GDP、城镇居民家庭人均可支配收入和农村居民家庭人均纯收入来表示。

---

① 此处我们使用公式计算:地方转移支付所占比例=(地方财政支出-地方财政收入)/地方财政支出,地方财政支出与地方财政收入的差额表示的是地方财政能力之外的收入,一般来源于上级政府对下级政府的转移支付。

其中地区总人口和经济变量均进行了对数化处理，经济变量均以1998年全国平均价格为基数进行了物价调整。为了消除 a_i 的影响，使用固定效应模型进行分析，并进行了豪斯曼检验，结果证明模型设定无误，固定效应可行。

2. 市县政府普通高中教育投入偏好影响因素模型

我们利用2007年地市横截面数据，建立模型如下：

$$GOV = \beta_0 + \beta_1 \cdot TRAS + \beta_2 \cdot EDU + \beta_3 \cdot POP + \beta_4 \cdot EC + \beta_5 \cdot X + \mu \quad (2)$$

其中因变量为地市政府普通高中支出偏好，由于没有财政性教育经费收入的数据，我们使用市县普通高中预算内经费支出/市县教育支出来表示。需要注意的是，这里的市县包括地市辖县和地市本级合计的数据。解释变量同样包括地方财政变量、教育财政相关变量、教育变量、人口变量和经济变量。

第一，地方财政变量(TRAS)。分别用转移支付变量、人均财政支出变量表示。与省级政府偏好分析相似，使用转移支付占政府支出比例，为了便于分析、使用我们上文的公式。此外，出于模型的稳健型考虑，我们分别加入政府可支配财力中转移支付所占比例和人均财政支出变量，用以分析市县财政能力对普通高中教育偏好的影响。其中政府可支配财力是根据尹恒的定义，可支配财力包括政府财政收入加上可支配转移支付，可支配转移支付按照转移支付的分配制度包括税收返还、净原体制补助、一般性转移支付、民族地区转移支付、取消农业特产税降低农业税率转移支付和缓解县乡财政困难转移支付。另外，为了进一步从支出角度考察市县政府财政能力与对普通高中偏好的关系，我们使用人均财政支出作为解释变量。市县政府人均财政支出是使用市县政府财政支出/市县总人口得出的，并进行了对数化处理。

第二，教育资源配置变量(EDU)。政府财政支出用于教育的比例表示政府对教育的偏好程度。但政府财政用于教育支出的比例高的原因，有可能是政府财政能力有限，所以教育支出所占的比例较高，而对于那些财政能力较强的地区，教育支出占比较低，但教育支出的水平较高。为了考察义务教育偏好对于普通高中教育支出是否具有“挤出效应”，使用(市县小学预算内教育支出＋市县初中预算内教育支出)/市县教育支出表示。

第三，人口因素(POP)。使用地区总人口表示市县的人口规模、使用普通高中在校学生数表示市县普通高中教育的规模。

第四，经济因素（EC）。使用人均GDP代表地区经济发展水平的经济变量。

第五，控制变量（X）。使用普通高中教育预算内经费支出/普通高中教育经费支出作为从支出层面衡量的政府分担比例，非农人口中财政供养人口占比作为控制变量考察人口因素对其投入偏好的影响。

其中普通高中学生数、市县总人口以及人均GDP均作了对数化处理。考虑到各地普通高中的直属管理方式差异很大，包含以县为主、以地市本级为主和省直管县下只包含市本级的数据，因此我们统一使用市县数据分析，不包含三个直辖市和西藏的数据。遗憾的是普通高中教育统计和经费统计数据只有2007年可得，所以我们只能使用横截面数据进行验证，其意义是可以使我们对省以下的普通高中教育偏好有一个了解，对我们之后继续做省以下普通高中教育的研究有一定的借鉴意义，也能大致看出市县基础教育投入的特点。

5.2.4 研究结果

（一）省级政府普通高中教育投入偏好影响结果分析

1. 省级政府对普通高中教育投入偏好随着政府财政中转移支付比例的增加而提高，对转移支付的依赖显著

表5－3中模型1和模型3的结果均显示转移支付与政府普通高中投入偏好存在显著的正向关系，即财政支出中来自于转移支付的比例越大，政府就越偏好于投入普通高中教育，由此可以解释为政府自身财政收入主要用于满足政府建设性公共产品和必需的福利性公共产品，而对属于非义务教育的普通高中阶段，更多的是依赖于财政转移支付的收入，财政转移支付所占财政支出的比重越大，政府越有可能偏好普通高中教育等福利性公共产品，这也说明了政府本身的财力并不愿意投入普通高中教育。

2. 省级政府对义务教育投入偏好会对普通高中教育偏好产生显著的“挤出效应”

财政支出中教育支出所占比重对于政府普通高中教育投入偏好的影响并不显著，说明教育支出内部的经费分配对于政府普通高中投入偏好的影响可能更大。从教育支出内部分配来看，结果显示政府义务教育偏好对于

其高中教育投入偏好具有显著的负向影响，从而验证了我们之前的假设，即政府对于义务教育投入的偏好对其高中教育投入偏好具有"挤出效应"，按照表5-3中模型1的结果，政府对义务教育投入偏好增加1%，对普通高中教育投入偏好则减少0.11%。

3. 省级政府对普通高中教育投入偏好随着地区人口规模的增加而减少，随着普通高中学生规模的增加而增加

表5-3中3个模型结果均显示总人口与政府普通高中教育支出偏好存在显著的负向关系，而高中阶段普通高中学生规模与其则存在显著的正向相关关系。其原因在于随着地区人口规模的扩大，政府财政压力增大，普通高中作为非必需的福利性公共产品，自然对其偏好减小，而高中阶段普通高中学生规模的扩大，要求地方政府必须加大普通高中的投入以维持普通高中的运行，因此随着普通高中学生规模的扩大，政府投入开始向其倾斜。从地区经济及居民收入角度考察，地区经济发展水平越高，居民收入越高，对于普通高中教育的需求也就越高，地方政府对普通高中教育投入的偏好也随之增加。

回应前文中我们需要回答的两个问题，从模型的回归结果发现，首先政府自身财力更愿意用于与经济建设相关的基建类公共产品的投入，地方财力对教育的支出则对政府普通高中教育偏好影响不大，更多的源于教育资源内部的分配。就基础教育的内部分配而言，地方政府对义务教育的关注会对普通高中投入形成"挤占"，义务教育和普通高中教育的投入不是相互促进的关系，而是此消彼长的关系。

（二）市县政府普通高中教育投入偏好影响结果分析

1. 市县政府普通高中教育投入偏好对自身财政能力和转移支付的依赖性均不显著

实证结果（表5-3、表5-4）发现，市县财政能力对政府普通高中教育投入偏好的影响并不显著（m7）；从转移支付变量来看，不管是全部财政支出中的转移支付占比还是可支配财力中的转移支付占比，对政府的普通高中教育偏好均无显著影响（m4，m5，m6）。对此可以解释为由于基础教育的主要压力在市县政府，因此，对于市县政府不论财政能力如何，对普通高中教育在内的基础教育支出具有刚性。

地市的经济发展水平与财政水平一样，对政府偏好的影响并不显著，由

此更加证实了对于地市政府而言，普通高中教育作为基础教育的一环，在“以县为主”的财政投入体制下，是列入其必须支出的范畴内的。

2. 市县政府对教育的支出比例越高，对普通高中教育的投入偏好就越低；而对义务教育投入偏好会对其有显著的正向影响

政府财政支出中用于教育的比例越高，教育支出中用于普通高中的比例就越小；市县政府对于义务教育的偏好并不会减少对普通高中教育的支出偏好，相反，在控制了转移支付的情况下，市县政府对义务教育的偏好会提高其对普通高中教育的偏好。具体来看，市县政府财政支出用于教育的比例越大，其对普通高中教育支出的偏好就越小，表格 5－4 中 4 个模型结果均显示了显著的负相关关系，这也印证了上文的解释，财政支出中用于教育比例越高的市县，其财政能力较弱，即使教育支出占比较大，但仍旧停留在低水平的维持阶段，对作为非义务教育的普通高中教育投入力度并不高。此外，市县政府对义务教育投入的偏好对其普通高中教育投入偏好有显著的正向影响，虽然控制了人均财政支出后其结果并不显著，但依旧是正向的影响，这说明就 2007 年的数据发现，市县政府教育财政支出的重点是基础教育，对于整个基础教育的偏好都比较高，因此与省级面板数据“挤出效应”的结果相反，是共同发展的关系。

3. 市县政府对普通高中教育投入偏好随着地区人口规模的增加而减少，随着普通高中学生规模的增加而增加

人口因素中普通高中教育学生规模越大，政府越倾向于对其进行投入，而随着市县总人口的增加，对普通高中教育支出偏好则显著降低，这与省级面板数据的结论一致。

（三）省和市县政府普通高中教育偏好影响因素比较分析

由上面的论述，我们发现，地方经济发展水平、财政支出中转移支付占比和高中阶段普通高中学生规模占比对省级政府普通高中教育投入偏好具有显著的正向影响，而省级政府对义务教育投入的偏好以及地方人口规模对其普通高中教育投入偏好则有显著的负向影响。中央转移支付的设计是为了平衡各地的财力差距，使各地公民均可以享受到基本的公共服务，财政支出中转移支付占比对地方政府普通高中投入偏好的正向影响，说明了我国地方普通高中教育政府投入不足的一大原因就是太过依赖于中央政府的转移支付，省级政府自身财力对于普通高中教育投入的动力和偏好不够，反

映了在财政分权的情况下，地方政府在尽量不使用自身资源办教育。

与省级面板数据形成强烈对比，我们使用 2007 年市县横截面数据得到的结果显示了省级以下的地方政府作为基础教育的主要负担方对基础教育的重视程度是超过省级政府的，对普通高中教育的投入偏好受自身财政和转移支付的影响很小，但随着财政支出中用于教育比例的增加，教育内部对普通高中教育的倾斜会减少。在基础教育内部，市县政府对义务教育和普通高中教育的投入是相互促进、相辅相成的，整个基础教育是地市政府教育投入的重点，对普通高中投入的偏好随着普通高中学生规模的增加而增加，但随着人口规模的增加，教育支出中用于普通高中的比例开始下降。

表 5-3　省级政府普通高中教育投入偏好影响因素分析(1998—2011)

解释变量	地方政府普通高中投入偏好		
	m1	m2	m3
转移支付	0.021 5**	0.016 7	0.035 1***
	(0.010 8)	(0.011 2)	(0.011 5)
教育支出	0.026 6	0.028 9	0.025 9
	(0.020 8)	(0.021 1)	(0.022 3)
政府义务教育偏好	-0.112***	-0.107***	-0.143***
	(0.029 7)	(0.030 3)	(0.031 6)
高中阶段普通高中规模	0.038 1***	0.029 4***	0.023 1*
	(0.010 7)	(0.010 4)	(0.011 8)
总人口	-0.036 1**	-0.047 0***	-0.027 5*
	(0.014 4)	(0.015 3)	(0.016 3)
人均 GDP	0.024 2***		
	(0.002 26)		
城镇居民收入		0.033 6***	
		(0.003 31)	
农村居民收入			0.032 0***
			(0.004 42)
常数项	0.192*	0.208*	0.115
	(0.115)	(0.117)	(0.123)

续表

解释变量	地方政府普通高中投入偏好		
	m1	m2	m3
样本数	390	390	390
R^2	0.443	0.429	0.358
模型设定检验结果	FE	FE	FE

注:(1)被解释变量:地方政府普通高中投入偏好;

(2)表中所示为回归系数,括号中报告的是标准差,所用数据不包含西藏地区;

(3)*:* p < 0.1,** p < 0.05,*** p < 0.01。

表 5-4 地市政府普通高中教育支出偏好 OLS 回归结果(2007)

解释变量	地市政府普通高中支出偏好			
	m4	m5	m6	m7
转移支付占比	-0.069 3	-0.258		
	(0.123)	(0.221)		
可支配财力中转移支付占比			-1.74e-08	
			(2.40e-08)	
人均财政支出				-0.413
				(0.292)
教育支出占比	-2.265*	-2.355*	-2.682*	-4.411*
	(1.215)	(1.267)	(1.452)	(2.523)
义务教育偏好	0.293***	0.343***	0.334***	0.264
	(0.205)	(0.248)	(0.249)	(0.182)
普通高中学生数	0.305***	0.310***	0.334***	0.400***
	(0.035 8)	(0.032 4)	(0.035 2)	(0.071 3)
地市总人口	-0.252***	-0.233***	-0.224***	-0.373***
	(0.041 9)	(0.056 4)	(0.057 6)	(0.070 9)
非农人口中财政供养人口比例		1.419	1.082	0.790
		(1.578)	(1.368)	(0.991)
人均 GDP	-0.063 1	-0.055 5	-0.040 5	0.0048 2
	(0.056 0)	(0.044 6)	(0.031 0)	(0.023 3)

续表

解释变量	地市政府普通高中支出偏好			
	m4	m5	m6	m7
政府分担比例	1.076***	0.940***	1.004***	1.335***
（支出）	(0.267)	(0.157)	(0.184)	(0.376)
常数项	1.798**	1.373	0.825	5.355**
	(0.698)	(0.789)	(0.885)	(2.620)
样本量	224	224	224	224
R - squared	0.444	0.461	0.456	0.513

注：(1)被解释变量：地市政府普通高中投入偏好；

(2)表中所示为回归系数，括号中报告的是稳健的标准差，所用数据不包含西藏地区以及三个直辖市；

(3) *：*p < 0.1，**p < 0.05，***p < 0.01；

(4)表中为 OLS 估计结果。研究中考虑到了省份的固定效应，不过省份虚拟变量虽然在大部分模型中通过了联合显著性检验，但是对 R^2 的贡献很小，对我们所关注的因变量影响也不大，为了节省自由度，并没有在模型中加入省份的固定效应。由于横截面数据容易出的异方差问题，我们使用怀特检验并使用稳健的标准差进行了修正。同时对多重共线性进行了检验，发现并不存在多重共线性问题。

5.3　小结

对政府普通高中的投入偏好的描述统计可以发现，政府财政性教育经费用于普通高中的比例并不高，基本维持在10%左右，不到用于初中阶段的一半；东部地区由于财力强大，对高中的偏好更强，中西部地区差异不大，显示出经济发展水平对政府普通高中教育偏好的影响。

基于财政分权体制下地方政府所处的制度环境、利益团体和居民需求等多方面的影响，通过对省级数据和市县数据的实证分析考察两级政府对普通高中投入偏好的影响因素差异，我们不难发现，市县政府关注的核心为整个基础教育，其对义务教育的偏好同样会促进政府对普通高中教育的投入；省级数据中各省对义务教育的偏好则会对普通高中教育产生显著的“挤出效应”，主要原因是省级政府除了基础教育，还有大部分的高等教育支出由省级政府负担，而一般来说，省级政府更偏好于高等教育的投入，另一方面义务教育又是强制性投入,因此对义务教育的支出会对普通高中教育经费的支出形成“挤占”。从财政依赖度上来看,省级政府对普通高中教育的投入更多的是依赖中央的转移支付,转移支付和本身财政支出水平对于地市政府普通高中投入偏好并无显著影响,说明与省级政府相反,市县政府将义务教育和普通高中教育视为其必须支出项,不受财政能力和转移支付的影响。普通高中学生规模越大,说明居民对于普通高中教育的需求越大,因此,不论是省级政府还是市县政府,都会随着学生规模的扩大而加大对普通高中教育的投入。由此可见,相对于省级政府而言,作为基础教育的主要负担方,省以下的市县政府对整个基础教育都比较重视。

第 6 章　普通高中教育个人分担与补偿:理论和实践

6.1　普通高中个人分担分析

6.1.1　学杂费收入占比分析

从普通高中非政府收入来看(图 6－1),学杂费收入①所占比例一直处于增长趋势,2011 年学杂费收入已经占非政府收入的 66%,自 2007 年开始,学杂费收入所占比例超过 60%,学杂费收入已成为普通高中非政府收入的主要来源。另外,学杂费收入是分析家庭普通高中教育支出的重要指标,因此,学杂费收入的变化可在一定程度上代表家庭分担比例的变化趋势。

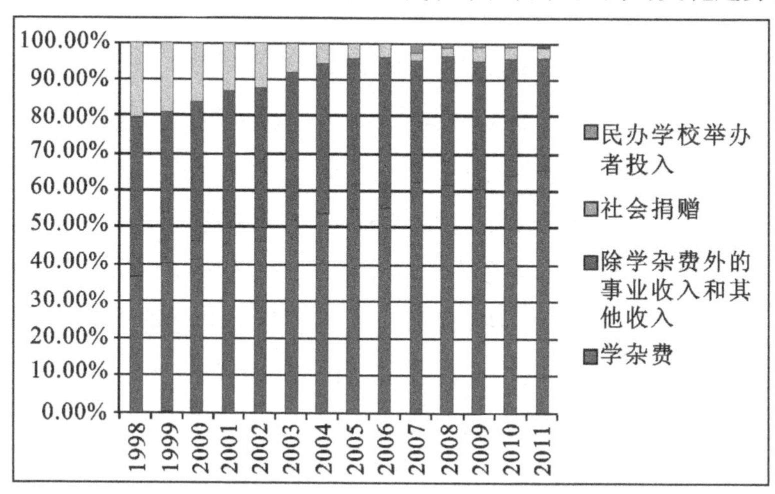

图 6－1　非政府收入中各项来源所占比例(1998—2011)

① 由于统计口径的变化,2007 年之前的普通高中学杂费收入只包含高中的学费,2007 年之后还包括了择校费的收入,这就使得 2007 年之前的学费收入占比可能被低估。

图 6 - 2 分区域考察普通高中教育经费中学杂费的比例,可以帮助我们更好地了解不同地区间差异性的分担结构。我们发现,普通高中教育经费中学杂费所占比例与政府分担比例呈相反的变化趋势,变动曲线呈现先增加后减少的趋势,而且大部分省份 2007 年学杂费所占比例都超过了 2006 年,主要的原因是 2007 年的学杂费收入中包含择校费的收入。东部、中部和西部地区学杂费所占比例的最高值均出现在 2007 年,2011 年三地区的学杂费基本回复到 1999 年的水平。与政府分担比例相反,个人分担的主要部分——学杂费所占比例,依次为中部最高,基本在 20% ~30% 之间,东部次之,西部最低,东部和西部的比例基本在 10% ~25% 之间波动。

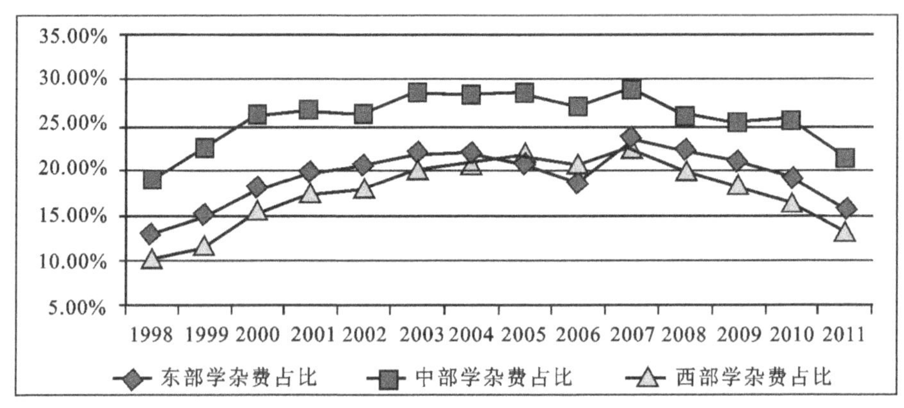

图 6 - 2 分区域学杂费占教育经费的比例变化(1998—2011)

从各省学杂费占比的变动(表 6 - 1)发现,个人分担比例与政府分担比例相比,表现出了明显的反方向变动的趋势,由此可直观地说明政府分担比例和个人分担比例具有此消彼长的关系;另外,个人分担比例与经济发展水平并不存在线性的关系,东、中、西部地区均包含个人分担比例较低和较高的省份。第一,与政府分担相反,东部各省中直辖市的个人分担比例较小,个人分担比例最高的是浙江省。东部地区各省中,政府分担比例一直较大的三个直辖市的学杂费收入所占比例普遍较小,其中北京和天津的学杂费比例一直维持在 10% 左右,对于政府与非政府共担的浙江省,学杂费所占比例则不断在增加,从 1998 年的 12.8% 增至 2008 年的 31.2% ,随后虽有所减少,但仍然是东部地区学杂费所占比例最高的省份,2011 年学杂费所占比例超过 20% 的省份有浙江省、江苏省和广东省。山东省在 2003 年学杂费所占比例达到32.4%,为整个东部地区所有年份的最高值,可见在普通高中规模扩张时期,个人分担比例也会随之增加。最低值则出现在天津市,1998年学杂费占比只有3.6%,家庭负担较轻;2011年学费占比最低的则是北京市。第二,西部地区中,学生规模较大的陕西省个人分担比例较高,青海省则较低,但个人分担平均比例仍旧不高。青海省历年的学杂费占比基本位于10%以下,重庆市、云南省、西藏、宁夏和新疆的学杂费占比则基本位于20%以下,陕西省学杂费占比一直较高,2005年达到39.6%,而当年政府分担比例只有50%;随后逐步下降,2011年西部各省的学杂费占比均在20%之下。第三,政府分担比例较低的中部地区中,个人分担比例相对最高,个人分担比例弥补了政府分担的缺位,这可能与中部地区学生规模较大、政府投入有限有很大的关系。以非政府分担为主的湖北省和湖南省,其学杂费所占比例一直都高于20%,湖南省2003年达到41%。相对而言,整个中部地区学杂费所占比例都比较高,政府投入较高的黑龙江省,学杂费所占比例并不低,这就说明,黑龙江省非政府投入是以个人投入为主的。吉林省的学杂费所占比例呈现出相对平稳的发展趋向,一直维持在20%左右。

表6-1　各省地方高中教育经费中学杂费所占比例(1998—2011)　　单位:%

区域＼年份		1998	1999	2000	2001	2002	2003	2004	2005	2006	2007	2008	2009	2010	2011
全国		14.6	16.9	20.4	22.3	22.8	24.5	24.4	24.4	22.7	26.7	24.6	22.9	21.8	18.3
东部	北京市	9.6	9.7	10.9	11.4	9.9	9.6	8.7	8.4	7	9.4	13.9	14.7	8.3	6.1
	天津市	3.6	4	3.9	4.9	6.2	11.4	11.6	10.2	8.8	16.2	13.5	10.1	10.8	10.7
	河北省	20	20.9	25.3	28.3	28.9	28.7	28.6	24.3	23	24.1	20.7	21.1	22.6	20
	辽宁省	17.4	20.2	19.9	23	24.9	23.1	30.5	30.2	20.7	26.5	22.4	21.2	19.4	15.6
	上海市	8.4	13.1	22.3	24.7	25.9	24.5	21.3	19	17.2	19	18.2	14.8	13.7	10.1
	江苏省	12.9	12.4	15.4	17.6	18.2	21.2	21.6	21.6	20.1	27	26.5	25.8	26.8	22.2
	浙江省	12.8	16.9	20.4	22.4	23.1	24.1	24.7	23.8	21.9	31.2	31.2	29.1	28.5	27
	福建省	9.5	12	17.7	17.3	17.6	19.5	23.1	25.5	24.8	29.3	25.1	23.6	21.1	17.5
	山东省	17.2	21.3	24.4	29.4	30.9	32.4	29.7	29.5	27.6	31.3	24.4	23.2	19.1	14.5
	广东省	16	16.9	18.8	20.3	21.1	23.6	23	22.3	21.8	25.9	29.3	25.7	24	21.8
	海南省	16.6	18.2	19.1	18	21.1	23.1	19.1	13.5	13.3	18.7	19.1	21.1	17.8	9.6

续表

年份 区域		1998	1999	2000	2001	2002	2003	2004	2005	2006	2007	2008	2009	2010	2011
中部	山西省	12.1	20.2	28.6	29.8	28.8	34	35.3	30.2	26.1	29	28.1	31.4	30.1	24.9
	吉林省	15	20.5	20.8	20.6	14	12.7	13.5	16	20.2	21.8	13.8	16.2	21.4	19.1
	黑龙江	24.3	23.1	23	19.7	20.6	25.7	25.6	24.9	24.2	23.3	19.1	18.7	18.9	16.6
	江西省	16.8	19.4	22.2	22.2	22.6	24.1	22.8	23.8	23.2	28.4	27.2	26.2	25.3	17.2
	安徽省	19.6	20.8	26.2	27.9	30.5	32.1	31.2	32	31.2	35.2	32.2	30.6	28.3	21.4
	河南省	16.4	17.8	21	21.1	20.9	23	22.5	25.1	21.5	24	22.9	20.9	25.1	24.6
	湖北省	21.5	26.1	28	32.4	33.5	36.7	38.2	38.6	35	34.8	31.4	28.8	26.8	22.3
	湖南省	27	32.7	38.9	40	38.9	40.9	38.1	37.4	35.4	35.5	33.1	29.3	28.7	24.7
西部	内蒙古	18.5	20.9	31.5	31.3	33.6	32.2	32	31.3	29.8	29	25.9	23	16.6	12.7
	广西	11.7	10.1	15.4	17.5	17.7	19.3	21.4	25.2	23.7	24.6	25.8	23.2	20.7	15.9
	重庆市	4.8	5.7	7.8	8.9	8.4	9	10.4	13	16.1	21.1	17.2	18.4	16.9	12.9
	四川省	6.2	6.2	8.8	12.3	13.8	16.4	18	19.6	17.7	24.7	18	14.7	15.9	12.9
	贵州省	12.6	17.2	24.4	23.9	25	29.2	30.4	28.5	25.5	26.6	24.8	25.9	24.5	17.6
	云南省	7.5	8	9	9.4	11.2	12.6	12.9	17	17	21.5	21.2	17	15.7	14.7
	西藏	0	0	5.7	10.8	8.4	9	8.1	13	15.3	7.6	6.5	5.9	5.9	2.4
	陕西省	20.4	22.6	28.1	33.9	32.7	35.2	37.1	39.6	34.2	36.4	29.5	24.9	22.5	18.8
	甘肃省	8.9	10	12.3	18.3	19.4	21.6	22.8	25.3	24.5	23.8	19.9	19	15.6	14.7
	青海省	5.9	6.5	9.6	8	7.6	12.8	9.9	7.6	7.3	9.1	8.7	5	4.8	3.7
	宁夏	11.3	13.4	12.6	16.3	15.1	17.5	15.8	16.5	15.4	10.9	11.3	12.2	12.1	9.3
	新疆	5.2	6.9	10.7	12.5	13.8	15.7	16.6	16.5	15.7	19.6	16.8	18.5	15.1	13.1

6.1.2 生均学杂费分析

家庭作为学生选择普通高中教育的个人负担支付方，按照成本分担和补偿理论，家庭在做学校选择时，家庭收入是其重要的参量，按照我们的一般均衡理论模型设定，相同能力之下，收入较高的家庭倾向于选择质量更好的学校，而学校通过价格歧视策略，对高能力低收入家庭的学生进行补偿，以吸引他们进入本校就读；另一方面，对高收入而能力相对较低的学生家庭提高进入门槛，收取择校费等费用，以补偿那些高能力低收入家庭的学生。

因此,成本分担很重要的两个原则就是“谁受益,谁负担”以及“谁有能力谁负担”。鉴于这两个原则,对可负担普通高中教育的家庭收取学费,对负担不起的家庭给予奖助学金的资助,都需要了解家庭的可负担能力,因此我们将从能力原则出发,重点分析家庭的生均学费支付能力。

从普通高中教育经费中学杂费所占比例中我们并不能得到家庭是否有承担其作为个人主要投入的学杂费的能力。学杂费在教育经费中占比的增加也许是由于学杂费的上涨,也许只是因为学生人数的增加,因此我们需进一步考察生均学杂费和居民家庭的支付能力。

从生均学杂费占城镇人均居民可支配收入比例和农村居民家庭人均纯收入比例的年度变化(表6-2)发现,农村居民学杂费负担相对较重——基本上是城镇居民负担的3倍左右。生均学杂费与城镇人均可支配收入相比,其比例基本维持在10%以内,1998年到2001年间提高幅度较大,占比从6.91%升至10.16%,随后逐步趋于稳定,基本在9%到10%之间波动,除了2008和2009年间超过10%之外,基本走向是下降的,2011年为8.44%,比2010年下降了将近1个百分点。与此相对,生均学费占农村居民纯收入的比例一直维持在高位,从1998年17.35%跃升至2003年的32%,至此经历了短暂的下降之后,2007年升至最高位35.4%,随后一直维持在30%以上,但2011年降至26.4%,与2010年相比跌幅近3.8个百分点。但总的来看,不管是占城镇居民人均可支配收入还是农村居民人均纯收入的比例,都呈现出下降的趋势,这说明普通高中以政府为主的财政政策正在逐步实施并发挥作用,个人分担的比例正逐步下降,城镇大部分居民可承担得起普通高中教育学杂费,但对于农村居民来说,学杂费仍是一项负担很大的支出。尤其是在普通高中向城镇聚集,农村生源还需承担住宿费等额外费用,致使农村家庭负担进一步加大,而高等院校中农村生源所占比例越来越小的背景之下[①],对于农村居民学杂费负担比例变化的研究,为提高普通高中农村生

① 根据梁晨等《无声的革命:北京大学和苏州大学学生社会来源研究》的结果表明,重点中学已经成为向优质校输送学生的主要来源,因此,农村生源的学生如果想进入重点高校,必须先进入重点高中。据工人日报报道,2013年北京大学农村生源占比为14.2%,比例明显偏低。

源的比例、普及高中阶段教育、有效分配国家奖助学金，具有一定的政策指向意义。

表6－2　生均学杂费占居民收入比例　单位：%

	1998	1999	2000	2001	2002	2003	2004	2005	2006	2007	2008	2009	2010	2011
占城市居民可支配收入比	6.91	7.81	9.32	10.16	9.96	9.91	9.52	9.46	8.56	10.63	10.02	9.69	9.35	8.44
占农村居民人均纯收入比	17.35	20.68	25.96	29.45	30.98	32.03	30.55	30.51	28.07	35.38	33.21	32.31	30.19	26.39

注：地方普通高中生均学杂费为地方高中学杂费收入除以地方普通高中在校学生数。

普通高中教育个人分担的重点在于农村居民支付能力，首先我们分区域考察农村家庭负担的变动情况（图6－3），总体来说，东、中、西部的农村家庭学费负担一直呈增长趋势，2007年之后开始逐步减少。1998年东、中、西部的高中学费家庭负担与高中经费中学费所占比例的结果一致，中部农村家庭负担最重、东部次之、西部负担最少。但东部和西部的家庭负担比例随时间变化越来越接近，2003年西部和东部生均学费占农村人均纯收入的比例相同，随后西部的家庭负担比例直接超过了东部地区，并呈上升状态，2007年追赶上中部，达到家庭人均纯收入的33%，在此之后，东部和西部高中学费家庭负担开始了缓慢下降的趋势，中部则基本维持在30%左右。总的来说，农村居民对普通高中学杂费的负担能力相差并不大，从区域的变动来看，居民收入的增加速度并未赶上生均学杂费的增速。

进一步分析省间差异（表6－3）我们发现，生均学杂费占农村居民人均纯收入的比例省际差异很大。在政府分担比例的分析中，西部地区政府分担比例最大，其次是东部和中部，以下我们进一步从支付能力上考察各区域的农村居民学杂费负担情况——学杂费的增长速度是否已经超过了农民人均纯收入的增长速度。首先，东部作为经济发展水平最高的地区，学杂费占农村居民收入的比例基本都在30%以上徘徊。上海市2001年的生均学杂费占农民人均纯收入的比例就达到了36.4%，2008年更是达到了最大值51%，同时也是整个东部地区最高，也就是说，一个家庭人均纯收入的51%

才能支付得起高中生的学费。从时间梯度上看,学杂费的增速远超过了人均纯收入的增长速度,除天津市和河北省之外,其余东部各省(市)的比例均有超过30%的,而天津学杂费的设定基本位于农村人均纯收入的20%以内,河北则是30%以内,变化最显著的为浙江省,2006年所占比例为25.8%,2007年加入学杂费之后比例迅速上升至43.3%,可见择校费占比很大。其次,中部地区各省的学杂费占居民收入比例差异显著,并未表现出学杂费占比均占高位的情况,而是三种结构并存,比例跨度从20%～50%不等。学杂费占比较高的省份包括山西和湖南,与浙江省的表现相似,2007年学杂费的统计口径变大之后,山西省的生均学杂费占农村居民人均纯收入的比例迅速增加了12%,进入40%以上,2010年已达到50.24%,湖南省的比例从2000年开始增至43.7%之后,一直都未低于40%。吉林省、黑龙江省和河南省的比例相对较低,而且发展平稳,其比例均未超过30%,河南省更是在20%左右徘徊。最后,对于经济发展水平相对落后的西部地区来讲,虽然政府分担比例非常高,但是个人分担对于农村家庭来说仍是很大的负担。内蒙古、贵州和陕西省的比例从发展变化上看比例都在30%以上,不过有降低的趋势。虽然内蒙古在2012年实行了免学费的政策,但从2010年的学杂费占农村居民收入比例来看,并不是很低,仍旧在30%以上。从整体的发展来看,大部分省份2010年的比例维持在40%以下,总体来说,我国农村家庭承担的普通高中教育中学杂费负担依然很重。其中,东部地区的浙江省、中部的山西省和湖南省,以及西部的贵州省,长期以来都表现出了农村居民支付学杂费的负担较重,基本都在40%以上。

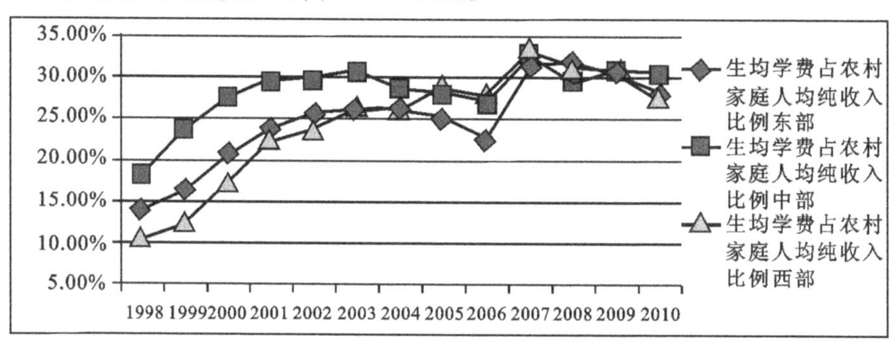

图6-3　不同区域生均学费占农村家庭人均纯收入的比例变动(1998—2010)

表6－3 生均学杂费占农村家庭人均纯收入的比例(1998—2010) 单位:%

区域	年份	1998	1999	2000	2001	2002	2003	2004	2005	2006	2007	2008	2009	2010
东部	北京市	12.09	12.58	17.67	19.16	15.87	15.57	15.21	15.64	12.54	18.28	29.53	34.92	20.32
	天津市	5.61	5.45	5.93	8.36	9.65	17.46	17.75	16.07	14.94	23.05	21.68	17.90	19.18
	河北省	17.24	18.53	23.30	25.75	27.27	25.47	24.18	22.98	21.40	23.31	21.51	22.53	24.34
	辽宁省	15.13	20.26	24.89	28.58	33.30	29.52	34.08	32.10	20.25	31.05	25.26	24.30	23.04
	上海市	11.83	17.97	28.15	36.42	38.95	38.31	37.60	33.94	31.21	42.28	50.92	37.64	34.10
	江苏省	13.59	13.87	18.07	20.66	22.14	24.81	24.19	24.45	22.47	31.29	31.49	32.61	33.47
	浙江省	13.28	17.62	21.89	25.76	28.78	29.77	30.79	28.05	25.78	43.32	43.64	39.43	36.92
	福建省	7.84	10.23	16.02	16.81	17.52	17.95	20.68	25.00	24.09	33.78	28.09	29.70	27.00
	山东省	16.85	21.16	25.92	30.29	32.53	32.85	28.70	28.85	27.74	32.13	26.37	26.12	22.49
	广东省	18.62	19.68	24.54	26.40	30.10	28.25	34.11	32.69	30.87	37.41	40.33	35.86	30.69
	海南省	20.22	23.31	20.84	21.75	27.34	27.07	23.26	16.19	17.07	28.99	32.49	34.76	36.58
中部	山西省	11.11	20.51	29.96	35.04	35.14	37.94	38.15	32.85	30.12	42.65	41.29	50.57	50.24
	吉林省	15.10	23.32	27.35	26.48	20.85	18.09	21.87	16.40	21.02	25.53	17.80	21.56	26.12
	黑龙江	19.24	21.82	21.93	20.30	21.98	24.67	21.48	23.58	21.42	25.39	21.03	21.48	18.72
	安徽省	21.23	23.04	29.68	31.92	36.50	39.14	33.71	35.64	34.16	40.59	35.62	35.69	34.05
	江西省	11.35	15.79	19.06	20.62	20.52	19.24	18.45	18.41	17.64	26.11	25.89	26.94	25.01
	河南省	16.95	19.27	21.69	19.94	18.72	19.98	18.12	20.64	17.04	20.02	19.06	17.97	21.19
	湖北省	22.70	27.54	28.21	34.39	37.01	38.88	36.24	36.35	32.38	37.47	30.80	29.94	27.31
	湖南省	28.38	38.60	43.66	47.53	47.98	47.74	41.71	40.84	40.61	44.83	44.40	41.57	40.75
西部	内蒙古	15.16	18.35	30.24	36.93	38.82	37.95	35.41	34.36	32.51	36.25	35.13	35.88	30.38
	广西	10.37	8.83	16.26	20.19	21.18	24.43	25.26	29.43	27.16	30.32	32.14	30.06	25.81
	重庆市	6.69	7.27	10.10	12.74	12.42	12.47	14.38	17.57	23.72	31.22	25.89	26.35	24.65
	四川省	6.90	7.51	10.59	16.81	18.33	19.15	19.97	21.04	19.12	29.38	22.80	20.75	19.26
	贵州省	12.88	17.76	27.27	33.15	33.56	35.99	39.32	39.31	36.52	45.34	39.52	40.55	39.00
	云南省	13.75	14.79	15.79	17.16	22.01	24.38	26.35	33.20	33.05	39.47	37.59	31.56	28.75
	西藏	0.00	0.00	23.41	38.60	31.26	29.66	26.50	27.22	24.95	18.89	17.61	19.53	16.41
	陕西省	19.45	21.43	28.92	37.37	34.64	40.13	37.57	42.70	39.16	47.87	42.75	40.32	35.15
	甘肃省	9.52	9.77	12.70	23.34	25.90	29.13	28.10	31.87	30.54	35.20	33.40	34.47	28.75
	青海省	7.52	9.58	13.17	13.21	11.85	18.09	13.75	12.44	13.71	13.99	18.27	13.50	16.13
	宁夏	7.85	11.26	10.54	18.30	17.51	25.97	24.97	28.29	24.02	22.04	25.10	29.36	24.06
	新疆	5.22	8.36	13.96	20.04	21.73	21.90	22.90	25.24	26.01	34.52	32.00	37.65	29.37

6.2 普通高中个人补偿理论分析

教育部、财政部和国家计委等三部委 1996 年出台了《普通高级中学收费管理暂行办法》,明确指出“高中教育属于非义务教育阶段,学校可根据国家有关规定,向学生收取学费”,“学费标准根据年生均教育培养成本的一定比例确定”[①]。这是我国第一次正式地单独就普通高中收费问题出台的办法,界定了学费的标准。2011 年 7 部委的联合发文中指出严格执行并逐步调整公办普通高中招收择校生“三限”政策[②]。就学生资助来说,2010 年教育部和财政部正式发文[③],实行普通高中国家助学金制度。自此,我国建立了完整的普通高中教育成本分担与补偿体系。

彭湃和陈文娇对我国普通高中教育成本分担进行了相对系统的研究,通过分析我国 1996—2003 年政府与个人分担比例的变化趋势及学杂费支出的变化后明确指出,我国高中已经在实施教育成本分担政策,其中政府分担的比重正逐年下降,个人分担的比重正逐年上升,个人与家庭所支付的学杂费增长速度快,占生均教育经费、城乡居民收入的比重均上升,农民家庭的高中教育成本负担较重。霍益萍对我国普通高中的现状进行了调研,对家长的访谈中发现在高中阶段对普通高中的选择占到了 64%(对即使不能上大学,也要上普通高中表示同意),90.8% 的家长同意高中在孩子成长过程中的关键作用,对孩子就读普通高中给家庭带来的经济压力,30.2% 的家庭认为压力很大。Hoyt 和 Lee 及 Chakrabarti 都分别通过建立理论模型考察家庭对不同学校的选择,家庭收入和学生能力被认为是影响他们选择的主要因素,高收入的家庭和那些能力更高的学生会选择质量高的私立学校,反之亦然。Hastings 等发现选择高质量(成绩较高)学校的通常都是高收入

---

① 国家教育委员会,国家计划委员会,财政部.《普通高级中学收费管理暂行办法》教财[1996]101 号,http://baike.baidu.com/link? url = sK66U7g52WM - Amo1VwjNCIEPS6SGYUvMLQ3dUaye2sby0cHEit25YoO9JDqdV_pZohf9ZSk7iVEQZdZPc5nIDq。

② “不准违反规定录取低于最低录取分数线的新生”,“不准超过国家规定的班额,不得挤压招生计划指标,变相扩大择校生人数,择校生数量不得超过省政府规定的比例”。

③ 财教(2010)356 号,《财政部、教育部关于建立普通高中家庭经济困难学生国家资助制度的意见》;财教(2010)461 号,《财政部、教育部关于引发普通高中国家助学金管理暂行办法的通知》。

家庭。

就读普通高中对低收入家庭带来的压力,促使我们开始审视两个问题:第一,对低收入家庭进行成本补偿的必要性;第二,如何对低收入家庭进行补偿,政府机制和市场机制分别起到了什么作用。因此,本文的安排如下:第二部分指出对家庭进行成本补偿的意义;第三部分以市场机制为解决方案,将通过家庭收入和学校质量的一般均衡模型设定建立理论上的成本分担和补偿模型,分析在成本补偿中市场机制的作用;第四部分从家庭分担的角度进行分析,通过对城乡家庭普通高中教育支付能力的对比,分析对低收入家庭进行普惠性成本补偿的必要性;第五部分则是对目前的成本补偿策略及政府机制和市场机制的共同作用进行分析,并指出成本补偿改进的方向。

6.2.1 普通高中教育成本补偿的意义

按照微观经济学关于商品价格的原理,普通高中教育作为非义务教育,并不属于必需品,因此不同收入水平的家庭对普通高中教育的价格(学费)的敏感度并不相同,对于低收入水平的家庭来说,价格的变化对其教育选择的弹性则是比较敏感的。约翰斯通在研究成本补偿的理论时提出的依据是:将一部分成本转移给付得起学费的家长,并在经济状况调查基础上对付不起学费的人予以资助。因此,对于低收入家庭的资助,体现了以下三个方面的作用。

第一,对我国普及高中阶段教育具有重大的意义。

我国《教育中长期发展规划纲要(2010—2020)》明确提出要在2020年普及高中阶段教育,对于农村地区学生来说,在收入允许的情况下,普通高中仍是他们的第一选择,在中等职业学校普遍的对农村地区学生和贫困学生进行学费减免和补贴的情况下,普通高中也应该有同等力度的补贴,农村地区贫困家庭的孩子才有可能按照自身偏好进行选择,这样才能做到教育公平和教育财政公平。对于高收入的家庭来说,普通高中已经成为他们的必需品,需求价格弹性较低,对于这一部分家庭存在的问题是选择高收费的私立学校还是公办学校的问题。而对于低收入家庭而言,普通高中教育的价格弹性很高,对于低收入家庭的资助使得家庭在义务教育后进行教育选择的时候,学杂费不再成为束缚其选择的一个问题。

第二,有利于畅通代际流动的渠道。

低收入家庭通过投资教育,可以改善自身社会经济状况,尤其是那些高能力低收入家庭的学生。郭丛斌和闵维方的研究表明教育作为一种重要的代际流动机制,有助于促进弱势群体的子女实现经济社会地位的跃升,具有较强的促进代际流动的功能。

第三,有助于公民整体教育水平和素质的提高。

从公共经济学角度来看,基础教育的外部性可以是全国范围或者全省范围的。普通高中教育作为基础教育的一个组成部分,对普通高中教育低收入家庭的资助,尤其是经济落后地区的家庭学生的资助,不仅有助于当地居民整体素质的提高,更有助于全国公民受教育水平的整体提升和公民素质的整体提高。此外,普通高中之后,很多学生会选择继续就读高等教育或者就业,因此高中教育之后的流动性又是全国范围内的。因此,从外部性的角度来看,中央政府应对各地的普通高中助学金实行转移支付,省级层面应对各县市进行转移支付,以弥补外部性对各地投入普通高中学生助学金带来的损失。

因此,无论是从教育公平还是代际向上流动角度,都应该对低收入家庭进行教育成本补偿。从代际流动的角度出发,通过市场机制,学校对成绩优秀的学生进行学费减免和奖学金政策,有助于提高学校的整体质量,同时促进教育公平;而普惠性的国家助学金制度解决了教育机会公平的问题,这是政府补偿机制的作用。

6.2.2　市场机制——家庭收入和学校质量的一般均衡分析

1. 消费者偏好

作为成本分担的另一方家庭来说,首先要考察的是对于教育的需求和选择,在经济学中涉及消费者选择和偏好的问题。

消费者选择常常与消费的偏好相联系,“偏好”一词来源于心理学,微观经济学用于解释个体按照自身喜好的差异,对不同商品价值的选择,从而达到自身效用最大化的过程。我们经常使用效用的概念来代表偏好,当消费者面临两种商品选择时,两种物品之间的边际替代率决定了他们的边际效用,代表消费者偏好的无差异曲线反映了两种物品之间的边际效用。除此之外,收入作为预算约束影响着消费者选择。当收入增加时,消费者可以更多地消费两类物品，当然，两类商品的价格变动也同样会影响消费者选择，当一种商品价格上涨，在已有的预算约束下，个体自然会减少对此类产品的消费，反之亦然。

在我国高中教育属于非义务教育，义务教育之后，学生可以选择进入普通高中或中等职业学校读书，或者直接就业。一般来说，低收入家庭由于受到预算的限制，义务教育结束后更偏好于中等职业教育或者就业，而高收入家庭则更倾向于让子女接受高质量的普通高中教育。如果选择进入高中继续学业，则学生需要报考不同的学校，而学校也通过分数选拔学生，因此，对于学生及家长而言，选择合适的学校就变得很重要。尤其是考虑到与中等职业教育不同，选择普通高中教育的学生基本上都是希望可以进一步接受高等教育。所以，这里我们假设普通高中教育作为我们消费的一种商品，作为消费者而言，对于高中的选择主要关注高中质量以及自身财力限制。在此，假设存在两种商品，x_1 是普通高中教育，x_2 是除此之外家庭的其他消费支出（图 6－4）。普通高中学费和生活费用是高中商品的价格 p_1，家庭另外的生活等支出价格假设为 1。在家庭收入既定的前提下，普通高中学杂费 p_1 增加，按照消费者选择理论，家庭会减少对高中的消费，部分低收入家庭可能出现的情况是让学生选择花费更少的高中或者中等职业学校就读，或者直接选择就业；相反，随着普通高中学杂费减少，家庭会增加对高中的消费，某些家庭会选择让孩子择校进入质量更好的学校，或者低收入家庭会选择让孩子进入普通高中就读而不是中职或就业。当然，随着居民收入的增加，也会提高对孩子普通高中教育的投入。

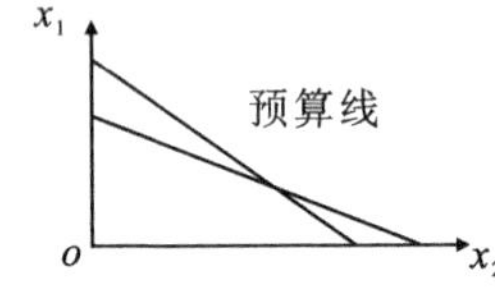

图 6－4　预算约束下的消费者选择

按照消费者选择理论，普通高中免费政策会使更多的家庭选择让孩子进入高中学习，同样会使择校的群体加大——更多的家庭为孩子选择更高质量的教育。因此根据消费者选择理论，按照家庭收入和学生能力的差异，消费者在择校时会尽量最大化其效应。

2. 家庭和学校相互选择的一般均衡分析

上文已经提到,学校根据学生的能力(中考分数)选拔学生,一方面对于高能力但是家庭收入低的学生,各普通高中会通过一系列的奖助学金政策以及减免学费等手段争取生源,另一方面对于分数未能达到学校要求但在可接受范围内的学生收取择校费,消费者则根据当地不同类型高中的收费标准以及学生自身能力进行选择。择校群体的增加使得各普通高中面临的竞争增加,因此会进一步提高学校的质量以吸引更多优质学生就读。普通高中收取学费意味着将一部分成本转移到了学生家庭,也就是成本分担,那么对于低收入家庭的补贴则意味着成本补偿,因此建立本理论模型的目的就是通过价格歧视策略建立成本分担和补偿的模型,而要达到一般均衡则意味着学校间的竞争。

Epple 和 Romano(1998)根据学生能力和家庭收入的不同,建立理论模型考察了公立学校、私立学校的竞争对于学校质量的影响,并加入了教育券考察是否加剧了学校间的竞争,使得学校整体质量得到提升。模型的两个重要假设就是学生能力差异和家庭收入差异,高能力的学生成绩也会比较好,因此更易进入高质量的学校;同样,高收入家庭也更注重学校的质量,更愿意让自己的孩子进入好的学校就读,而我们假设高质量的学校有助于学生提高学习成绩,孩子成绩的提高会使家庭获得更高的效用。学校质量则是由该校学生的能力均值决定的,也就是同伴效应。因此我们通过建立理论模型来考察普通高中的个人成本分担与补偿,考察学校如何通过价格歧视策略达到学校质量最大化的目标,及家庭是如何通过对不同质量学校的选择来达到家庭效用最大化的。

目前我国高中教育投入在不同地区政府承担比例有所不同,有的已经进入了高中免费时代,但大部分仍需要缴纳一定的学费。每年,各类高中都尽可能地争夺优质的生源,对于中考成绩位列前茅的学生,很多学校以奖学金或者减免学费吸引优质生源就读。因此,我们模型的基本假定为高质量的学校有助于学生提高成绩,学生成绩的提高会使家庭获得更多的收益,我们创建模型如下:

假设学生能力为 b,家庭可支配收入为 y,能力和收入的分布函数为 $f(b,y)$,家庭对于学生读高中的支持是连续的、正的。在此假设下,质量差的高中教育使家庭效用大于让学生辍学的选择。家庭效用函数 $U(\cdot)$随家庭消费数量和学生成绩的增加而增加,其连续并可两次微。学生成绩的函数为 $\alpha = \alpha(\theta, b)$,为连续的增函数,其中 θ 表示学校中学生的能力均值,那么影响学生选择不同高中的除了能力以外就只有学费和择校费的区别了,由于我国现阶段规定收取择校费之后就不允许收取学费,所以我们暂且将其全部称为学费 p,如果完全按照分数选择高中,这样我们就得到了家庭的效用函数 $U = U(y - p, a(\theta, b))$。

假定 U 在任何地方都满足单交叉条件 SCI(single - crossing condition),也就意味着,从需求弹性的角度出发来看,高收入家庭倾向于高质量的学校。

$$\partial\left(\frac{\frac{\partial U}{\partial\theta}}{\frac{\partial U}{\partial y}}\right)/\partial y_t > 0, \partial\left(\frac{\frac{\partial U}{\partial\theta}}{\frac{\partial U}{\partial y}}\right)/\partial b \geqslant 0 \tag{1}$$

也就是说,对于有相同能力的学生来说,在(θ, p)平面上的任何一条无差异曲线都有高收入家庭与之相交,而低收入家庭则在无差异曲线之下,也就是家庭收入对学校质量的需求弹性为正。另一方面,学生个人能力对于学校质量的需求弹性则是弱正向的,这个可以理解为凡是收入高的家庭都希望孩子可以进入高质量的学校进行学习,而个人能力较高的学生却不一定都会选择高质量的学校。接下来,我们使用 Cobb - Douglas 生产函数来构建我们的效用方程。

$$\begin{aligned} &U = (y_t - p)a(\theta, b) \\ &a(\theta, b) = \theta^r b^\beta \\ &r > 0, \beta > 0 \end{aligned} \tag{2}$$

公式(2)满足 SCI 条件,体现在能力的中立假定,此假定意味着我们的结果并不是来自于学生能力对教育质量的需求效应,即能力对学校质量需求的弹性为0,即:

$$\partial\left(\frac{\frac{\partial U}{\partial\theta}}{\frac{\partial U}{\partial y}}\right)/\partial b \geqslant 0$$

在构建家庭效用函数之后,我们随之要考察的是因学生规模的增加而增加的学校成本。我们假设学校增加的成本仅仅是由于学生数的差异造成的，k 表示学生数，一阶和二阶导数均大于零，表明可变成本随着学生数的增加而增加，其曲线一直向上，这样得到一个简单的成本方程。

$$\begin{aligned} C(k) &= V(k) + F \\ V' &> 0, V'' > 0 \end{aligned} \tag{3}$$

学校招收学生为了达到自身利润最大化，我们需要构建利润方程。假定有 i 个学校，$i=1,2,\cdots,n$，不同学校的学费为 $p_i(b,y)$。学费是学生能力和其家庭收入的函数，分为三类：学习优秀，家庭收入低，享受学费减免甚至奖学金的为一类；正常缴纳学费，其能力可以进入学校 i 的为一类；成绩不足以使其就读该学校，家庭收入可以使其通过缴纳择校费进入该校的为一类。令 $a_i(b,y) \in [0,1]$ 表示第 i 个学校招生的学生类型占其总分布的比例。因此，学校招收学生的利润最大化问题为：

$$\mathrm{MAX}\theta_i k_i p_i(b,y), a_i(b,y)_i^{\pi} \equiv \iint_s [p_i(b,y) \times f(b,y)\mathrm{d}b\ \mathrm{d}y] - V(k_i) - F \tag{4}$$

服从以下约束条件：

$$a_i(b,y) \in [0,1] \quad \forall (b,y) \tag{4a}$$

$$\begin{aligned} &U(y-p_i(b,y), a(\theta_i,b)) \\ &\geqslant \underset{j\in\{0,1,\cdots n|j\pm i;a_j(b,y)>0\}}{\mathrm{MAX}} U(y-p_j(b,y), a(\theta_j,b)) \quad \forall (b,y) \end{aligned} \tag{4b}$$

$$k_i = \iint a_i(b,y) f(b,y)\mathrm{d}b\mathrm{d} \tag{4c}$$

$$\theta_i = \frac{1}{k_i}\iint b a_i(b,y) f(b,y)\mathrm{d}b\mathrm{d}y \tag{4d}$$

4 个约束条件分别代表的意义为：$4a$ 表示每个学校接收的不同能力和收入分布的学生比例，$4b$ 则是给出了效用最优化假设，学生最终选择的学校已经是其最优选择，$4c$ 和 $4d$ 则表示学生的规模及其平均能力，对于学校来说，只有 $\pi_i>0$，才愿意接收该学生，而要达到市场均衡，则要求家庭效用最大化、学校利润最大化，从而达到市场出清，学校达到均衡状态。

家庭效用最大化的条件为 UM：

$$U^* = \underset{i\in\{0,1,\cdots n|a_i(b,y)>0\}}{\mathrm{MAX}} U(y-p_i(b,y), a(\theta_i,b)) \quad \forall (b,y)$$

学校利润最大化的条件：

$[\theta_i, k_i, p_i(b,y), a_i(b,y)]$ 满足公式(4)，$i=1,2,\cdots,n$，学校市场出清，达到均衡的条件为：$\pi_i=0, i=1,2,\cdots,n$。

接下来，我们对问题(4)求解，使用 UM 条件，求一阶导数。

$$U(y-p^*),a(\theta,b))=U^*(b,y),\quad \forall(b,y) \tag{5a}$$

$$a_i(b,y)\begin{cases}=0\\ \in[0,1], \text{当 } p_i^*(b,y,\theta_i)\\ =1\end{cases}\begin{cases}<\\ = \quad V'(k)+p_i(\theta_i-b) \quad \forall(b,y)\\ >\end{cases} \tag{5b}$$

$$\rho_i=\frac{1}{k_i}\iiint_s\left[\frac{\partial p_i^*(b,y,\theta_i)}{\partial\theta_i}\alpha_i(b,y)\times f(b,y)\,\mathrm{d}b\,\mathrm{d}y\right] \tag{5c}$$

与(4b)结合,解出 $p_i^*(\cdot)$,为学生类型(b,y)进入学校质量为 θ_i 的保留价格,(5b)中的 $\rho_i(\theta_i-b)$ 则表示学校接收某学生导致的学校学生的平均能力的变化,如果 $b>\theta_i$,接收该学生则有助于学校质量的提升,其成本为负;如果 $b<\theta_i$,则学校需要承担因此产生的成本,学校质量的下降有可能导致选择本校的学生数减少,从而降低其择校费。所以 θ_i 不仅表示学校的质量,也可以称之为朋辈效应,家长选择质量更好的学校,环境的因素也是很重要的,这就是 θ 的作用。(5c)中的 ρ^i 为(4d)解出的拉格朗日乘子。所以我们可以得出学校 i 接收一个能力为 b 的学生的有效边际成本为 $MC_i(b)\equiv V'(k)+\rho(\theta_i-b)$,如果家庭的保留价格低于其边际成本,则不会被该校录取,学校会录取那些保留价格高于边际成本的学生,对于任意的 $a_i\in[0,1]$ 来说,最优状态为 $p_i^*=MC_i$。

按照我们上文的理论模型,可以发现在高中阶段,对于成绩和收入不同的家庭,各学校为了争抢生源,提高自己学校的平均成绩,基本对于不同的学生进行价格歧视,即成绩越高,价格越低,甚至补贴和资助;成绩越低,价格越高,也就是我们之前所说的对三类学生的差异收费,其实际表现为高收入、低能力的学生补贴低收入、高能力的学生。学校通过这种调整保持或者提高自己学校的质量,以吸引更优秀的学生就读,整体质量差的学校为了保护自己的生源,不得不提高质量,通过更优惠的条件吸引那些高能力的学生前来就读。而这样做的好处在于既提高了学校的生源质量,另外对低收入家庭的补贴又维护了教育公平的原则。

进一步的,我们可以对上述模型进行一定的扩充。2012 年,内蒙古全区范围内实行了普通高中免学费的政策①,那么政府的免费政策是否有助于普

---

① 财政部网站消息:http://www.mof.gov.cn/xinwenlianbo/neimenggucaizhengxinxilianbo/201206/t20120618_660320.html。

通高中普及和质量提高呢？对应上述模型，免学费实际上可以看作是给选择普通高中的学生相应的教育券，对于选择普通高中的学生，可以看作是家庭收入 y 的增加，而对于选择普通高中的学生而言，则不会有任何变化。这会使得部分希望就读普通高中但由于家庭收入的原因而选择辍学或者是中职教育的学生重新选择；另外，在一定程度上加剧了择校的竞争，收入的增加，使得可以择校的学生数量增加。Epple 和 Romano（1998）对教育券的研究发现，提供教育券使得更多的学生进入收费的私立学校就读，使得免费公立学校的学生数减少，整体质量有所提升，而与没有提供教育券时相比，更多的私立学校涌入争夺生源的竞争之中，使得各私立学校之间的质量差异间隔更小，从而给予了学生更多的选择，最终使得各学校的学生数所占比例也基本持平。他们的研究在理论上验证了我们上述的假设，即政府投入较高的地区，其高中教育发展较好，学校之间的竞争也更激烈，因此普通高中整体质量比较高。

但是个人选择一定是最好的吗？Hoxby（2000a）指出一个地区学区的数量影响着公立学校的表现，也就是所谓的 Tibout 竞争。学校效率的表现形式就是学生成绩，而学校在财政方面通常都表现为预算最大化，消费者面临着信息不完善的问题，通常更愿意选择成绩好的学校，学校预算最大化的体系也可能导致支出高于最优，所以个人选择学校时没有家庭和学校贡献的信息，容易导致消费者做出非最优的决策。

不过上述模型中的成本补偿只是针对高能力、低收入家庭，其价值是针对成本补偿的效率，即普通高中奖学金，而更多的低收入家庭需要普惠的助学金的设置，而我们的模型中未能体现出成本补偿的这一方面。按照我们家庭和学校相互选择的一般均衡模型，一方面使得学校通过朋辈效用提升学校的质量，另一方面使得低收入家庭的学生可以得到良好的教育。普通高中作为双向选择的非义务教育阶段，这种双向选择在学生奖助学金制度的配套下，通过对不同能力的学生收费不同，也就是价格歧视的方式留住了优秀的学生。但是，市场机制的作用只能针对极少数的来自于低收入家庭的高能力学生，其作用是激励性的。而对于绝大多数的低收入家庭来说，普惠性的政府资助和补偿，可以保障其对普通高中教育的选择，不因其选择普通高中教育而使家庭致贫。

6.2.3 政府资助——家庭高中费用支付能力分析

家庭作为学生选择普通高中教育的个人负担支付方,按照成本分担和补偿理论,家庭在做学校选择时,家庭收入是其重要的参量,按照我们的理论模型设定,相同能力之下,收入较高的家庭倾向于选择质量更好的学校。成本分担很重要的两个原则就是"谁受益,谁负担"以及"谁有能力谁负担",因此我们将从受益和能力原则出发,重点分析家庭对生均学费的可负担能力。

从图6-5生均学杂费占城镇人均居民可支配收入比例和农村居民家庭人均纯收入比例的年度变化发现,农村居民学杂费负担相对较重,基本是城市居民负担的3倍左右。生均学杂费与城市人均可支配收入相比,其比例基本维持在10%以内,基本走向是下降的,2011年为8.44%,比2010年下降了将近1个百分点。与此相对,生均学费占农村居民纯收入的比例一直维持在高位,2011年为26.4%,与2010年相比跌幅近3.8个百分点。

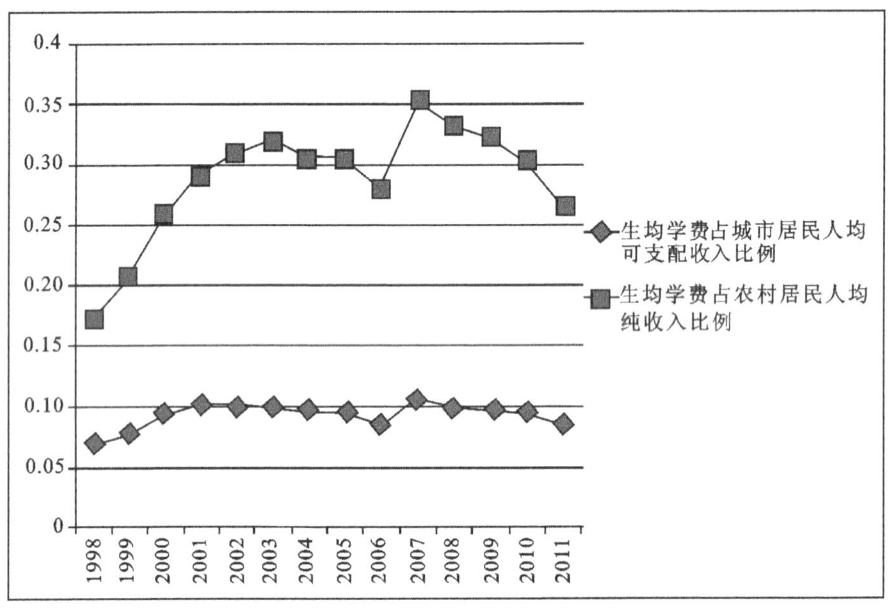

图6-5 生均学费占居民收入比例趋势图(1998—2011)

注:根据历年学费和普通高中学生数相除得到生均学费,学费数据来自1998—2011年《中国教育经费统计年鉴》,学生数数据来自《中国教育统计年鉴》,城市居民人均可支配收入和农村人均纯收入均来自《中国统计年鉴》。

高中教育经费成本分担的一大原则是能力原则,即将一部分成本转移到有能力支付学费的家庭,并对无力支付学费的低收入家庭给予资助,也就是能力原则,依据个人支付能力确定个人承担比例。我们通过家庭收入和高中生的家庭负担来考察居民家庭对于高中学生学杂费和生活费的负担能力,将家庭按城镇和农村进行分类,根据其不同的收入水平,考察对于学费和生活费的家庭承担能力,是否在大多数家庭的承担范围之内。家庭的负担能力首先关系到家庭对高中的选择,如果我们以普及高中作为目标,那么家庭负担能力则关系到高中普及程度的实现;如果我们的目标是确定政府助学金资助范围,那么家庭负担能力分析有助于我们厘清受助家庭的范围,以便于政策制定者确定合适的资助面。

1. 城镇家庭高中费用承担能力

城镇家庭学费的负担能力,其数据主要源于《中国统计年鉴》(1999—2012),根据城镇居民家庭基本情况的调查,直接计算出家庭减去基本生活消费后可自由支配的收入。我们假设每个家庭供养一个高中学生,并且教育支出是家庭除基本消费之外的首选支出,所有家庭具有相同的高中投资意愿。一方面家庭的高中教育支付能力 = 平均每人可支配收入家庭平均人口 - 每人消费性支出均值(平均人口 - 1);另外一方面是一个高中生所需家庭负担费用,主要包括学杂费和生活费两部分,因此,高中生家庭负担 = 学杂费 + 人均消费支出,计算结果见表6 - 4。

按照表6 - 4 的计算公式,从表6 - 5 的结果中,我们可以发现首先自1998 年至今,城镇家庭高中教育支付能力基本变化不大,无法负担的家庭比例一直都停留在10% 最低收入户。以2011 年的城镇居民家庭高中支付能力为例,当年生均学杂费为1 841 元,全国平均人均现金消费支出为15 161 元。也就是说,按照全国平均而言,普通家庭对于一个高中生负担费用为17 002元,从全国均值来看,城镇家庭是可以负担得起一个高中生的学费和生活费用的。按不同收入等级的家庭收入和支出来说,调查发现,比例为10% 的最低收入组的家庭现有无法负担孩子的高中学习生活费用,家庭只有通过资本市场的借贷或者国家给予相应补贴才有可能支持孩子进入高中就读。

表 6-4　城镇居民家庭普通高中教育支付能力分析(2011)

	调查户数	调查户比重	户均人口	人均可支配收入	人均消费性支出	高中家庭支付能力	高中生家庭负担	差额
全国	65 655	100	2.87	21 809.78	15 160.89	34 243.2	17 002.09	17 241.11
最低收入户	6 505	9.91	3.3	6 876.09	6 431.85	7 897.842	8 273.05	-375.208
低收入户	6 566	10	3.2	10 672.02	8 509.32	15 429.96	10 350.52	5 079.44
中等偏下户	13 170	20.06	3.01	14 498.67	10 872.83	21 786.61	12 714.03	9 072.578
中等收入户	13 178	20.07	2.82	19 544.94	14 028.17	29 585.46	15 869.37	13 716.09
中等偏上户	13 177	20.07	2.67	26 149.99	18 160.91	39 491.75	20 002.11	19 489.64
高收入户	6 572	10.01	2.57	35 579.24	23 906.21	53 905.9	25 747.41	28 158.49
最高收入户	6 488	9.88	2.53	58 841.87	35 183.64	95 038.96	37 024.84	58 014.12

资料来源:《中国统计年鉴(2012)》及相关计算,其中人均可支配收入包括调查户可用于最终消费支出和其他非义务性支出以及储蓄的总和,即居民家庭可以用来自由支配的收入。它是家庭总收入扣除交纳的个人所得税、个人交纳的社会保障支出以及调查户的记账补贴后的收入。人均消费性支出指的是用于本家庭日常生活的全部支出,包括食品、衣着、居住、家庭设备用品及服务、医疗保健、交通和通信、教育文化娱乐服务、其他商品和服务 8 大类等,包括用于赠送的商品或服务。生均学杂费的计算为地方高中学杂费总额除以在校学生数。

表 6-5　1998 年以来城镇家庭高中教育支付能力负担情况

年份	1998	2001	2004	2006	2008	2010	2011
无法负担家庭比例(%)	10	10	10	10	10	10	10

2. 农村家庭学费承担能力

对于农村家庭学费能力的计算与上述公式基本相同,同样假设每个家庭供养一个高中生,高中农村家庭支付能力 = 农村人均纯收入家庭常住人口 - 家庭人均现金消费支出(家庭常住人口 - 1),农村家庭高中负担为学杂费与人均现金消费支出之和。我们以 2005 年和 2010 年按人均纯收入分组的农村家庭情况考察两个方面(表 6-6 和表 6-7):一是不同收入水平下的农村居民的高中教育支付能力;二是随时间推移,农民收入的增加是否提高了可支付高中教育的比例。

表 6-6　2005 年按人均纯收入分组的家庭情况及高中学费承担能力

	调查户占比重	常住人口	纯收入	现金消费支出	高中家庭支付能力	家庭承担费用	差额
0—200	0.6%	4.3	114.6	1 233.3	-3 577.11	2 226.36	-5 803.47
200—400	2%	4.5	317.9	1 048.1	-2 237.8	2 041.16	-4 278.96
400—600	3.8%	4.7	513.3	1 017.4	-1 351.87	2 010.46	-3 362.33
600—800	7%	4.8	702.8	1 048.1	-609.34	2 041.16	-2 650.5
800—1000	9.6%	4.7	900.1	1 120.8	83.51	2 113.86	-2 030.35
1 000—1 200	9.1%	4.6	1 100	1 242	588.8	2 235.06	-1 646.26
1200—1400	9.7%	4.5	1 300.3	1 323	1 220.85	2 316.06	-1 095.21
1400—1600	9.1%	4.4	1 499.9	1 438.9	1 707.3	2 431.96	-724.66
1600—1800	8.3%	4.4	1 697	1 516.4	2 311.04	2 509.46	-198.42
1 800—2 000	7.00%	4.2	1 895.6	1 625.1	2 761.2	2 618.16	143.04
2 000—2 005	12.90%	4.1	2 226.6	1 772.3	3 634.93	2 765.36	869.57
2 500—3 000	7.90%	3.9	2 728.1	1 974.3	4 914.12	2 967.36	1 946.76
3 000—4 000	7.50%	3.7	3 409.1	2 277.9	6 463.34	3 270.96	3 192.38
4 000 元以上	5.10%	3.3	5 448.5	1 222.1	15 169.22	2 215.16	12 954.06

表 6-7　2010 年按家庭纯收入分组的家庭情况及高中学费承担能力

	调查户占比重	常住人口	纯收入	现金消费支出	高中家庭支付能力	家庭承担费用	差额
0—400	0.8%	4.4	228.4	2 132.2	-6 244.5	3 919.13	-10 163.7
400—800	2%	4.8	634.6	1 757.8	-3 633.6	3 544.73	-7 178.29
800—1 000	1.9%	4.9	905.6	1 651.7	-2 004.2	3 438.63	-5 442.82
1 000—1 200	3.6%	4.9	1 120.8	1 691.6	-1 105.3	3 478.53	-4 583.85
1 200—1 400	3.4%	4.8	1 297.9	1 753.1	-431.86	3 540.03	-3 971.89
1 400—1 600	4.1%	4.7	1 499.8	1 783.2	451.22	3 570.13	-3 118.91
1 600—1 800	4.3%	4.7	1 701.8	1 888.7	1 010.27	3 675.63	-2 665.36
1 800—2 000	4.8%	4.6	1 900.8	1 973.5	1 639.08	3 760.43	-2 121.35
2 000—2 005	12.7%	4.5	2 255.2	2 162.7	2 578.95	3 949.63	-1 370.68
2 500—3 000	12.4%	4.4	2 743.4	2 380.7	3 976.58	4 167.63	-191.05
3 000—3 500	10.3%	4.2	3 241.5	2 608.9	5 265.82	4 395.83	869.99

续表

	调查户占比重	常住人口	纯收入	现金消费支出	高中家庭支付能力	家庭承担费用	差额
3 500—4 000	8.7%	4.1	3 740.2	2 880.8	6 404.34	4 667.73	1 736.61
4 000—4 500	7%	4	4 237.4	3 107.3	7 627.7	4 894.23	2 733.47
4 500—5 000	5.3%	3.9	4 740	3 311	8 884.1	5 097.93	3 786.17
5 000—6 000	7.1%	3.7	5 452.4	3 711.7	10 152.3	5 498.63	4 653.66
6 000—7 000	4.3%	3.5	6 454.5	4 193.3	12 107.5	5 980.23	6 127.27
7 000—8 000	2.4%	3.4	7 445.8	4 575.3	14 335	6 362.23	7 972.77
8 000—10 000	2.5%	3.2	8 825.6	5 141	16 931.7	6 927.93	10 003.79
10 000 元以上	2.1%	2.9	13 142	6 641	25 495.1	8 427.93	17 067.13

数据来源:2005 年和 2010 年国家扶贫重点县监测调查。其中纯收入包括工资性收入、家庭经营收入、财产性收入和转移性收入,生活消费支出主要包括食品、衣着、居住、家庭设备用品及服务、医疗保健、其他商品及服务。

我们从上表中可以发现,从均值看,2005 年农民家庭纯收入在扣除家庭基本生活消费之后,无法支付学生高中费用的占比 58.9%,其中 41.8% 的家庭其纯收入基本难以维持其基本生活消费的支出。也就是说,人均纯收入在 1 400 元以下的家庭连基本维持自身生活支出都有困难,能够支付得起学生高中费用的家庭人均纯收入需达到 1 800 元以上。2010 年的数据显示,首先农民收入得到了增加,调查中 400 元以下的人口比重明显下降,从高中支付能力来看,有 50% 的家庭支付学生的高中费用面临困难,22.8% 的家庭仍在努力地维持家庭基本生活支出,随着收入和学费的增长,有能力支付高中学费的家庭至少人均纯收入应达到 3 000 元以上。调查样本中显示,至少一半农村家庭无法支付学生高中学习的费用,如果单纯依靠家庭的支付能力,作为低收入群体的这些家庭,只能选择在借贷市场上进行借贷才能支付高中的费用,借贷市场可能面对的是流动性限制,使得学生由于家庭原因而不得不选择辍学或者其他教育选择。

现实层面要求政府机制的学生资助必须成为对家庭成本补偿的主要面,同时辅之于市场机制的作用,这也是最优效率的做法,既保障了教育公平,又提高了教育的质量。

6.3　普通高中国家助学金制度的实施

6.3.1　普通高中国家助学金制度的实施现状

普通高中教育国家助学金制度是 2010 年由财政部和教育部联合发文确定的,自此我国建立了从义务教育到高等教育的国家财政助学体系,填补了多年来普通高中教育缺乏对弱势群体给予有效补偿的制度。普通高中教育要完成普及的目标,重点和难点都在农村,农村居民的支付能力有限,按照 2010 年的统计,城镇居民家庭中只有最低收入组难以承担起学生的高中费用,但对于农村家庭来说,按收入能力由低到高,有 50% 的家庭无力承担学生的高中费用。基于此,实施国家助学金制度势在必行。按照我国普通高中国家助学金的规定,中央分别对东、中、西部按照 2∶8、6∶4 以及 8∶2 的比例进行转移支付,各省负担部分的省内分担则由各省自主决定。资助面为东部 10%、中部 20% 和西部 30%。国家助学金制度确定的标准为:普通高中国家助学金平均资助标准为每生每年 1 500 元,用于资助家庭经济困难学生的学习和生活费用开支,具体标准由各地结合实际在 1 000—3 000 元范围内确定,可以分为 2—3 档[①]。据统计,2010—2014 年,中央和地方财政共安排普通高中国家助学金 327.3 亿元,资助学生 2 436 万余人次。[②] 这说明中央政府以公平的理念在设计国家助学金制度,根据不同区域的经济发展水平,给予经济发展水平低的省份更多的转移支付,并按照学生家庭困难程度进行分级,而不是进行一刀切的补偿。各地根据中央出台的助学金管理办法纷纷出台了本省助学金体系和管理办法。其中除了助学金之外,大部分省份都制定了对于经济困难学生的减免学费和校际奖学金政策,主要是从学校事业收入中拿出一定的比例用于本校学生的奖助学金,并且几乎都提到了资助面要向农村地区和民族地区倾斜。

---

① 教育部网站关于印发普通高中国家助学金管理暂行办法的通知. http://www.moe.edu.cn/publicfiles/business/htmlfiles/moe/moe_1779/201011/111121.html.

② http://www.chinapolicy.net/bencandy.php? fid-40-id-43382-page-1.htm.

1. 东部地区学生资助现状分析

首先从东部地区最发达的3个直辖市学生资助制度和省内财政分担的情况来看，由于这3个地区的学生数和贫困家庭较少，其财政负担的压力并不大，按照政策规定的东部资助面占到10%，按照2010年在校学生数进行计算得到3个区域的资助人数分别为北京19 842人，天津18 515人，上海135 655人。3个直辖市均设立了国家助学金和校内的奖助学金，北京和上海市对于国家助学金都有减免学杂费的内容。具体来看，北京涵盖的农村地区学生范围更广，市财政负担更多，将贫困地区的农村户籍学生全部囊括在资助计划中，并且由市财政全部负担。上海市则是将财政负担下移，市财政只负担对市属学校进行资助，不过是唯一将民办学校的上海生源学生放入资助计划的。遗憾的是，3个直辖市有大量的外来人口，所有的资助计划却只包含本地生源，对于农民工子女就读的高中无任何资助。

表6-8　东部地区学生资助政策案例

	学生资助内容	资助标准	经费预算安排
北京市①	1. 国家助学金：甲等、乙等（需要北京市低收入家庭证明）和丙等（10个远郊区县贫困地区农村户籍学生） 2. 校内奖助学金和减免学费	1. 甲等免学费住宿费，生活费200元/月；乙等免50%学费和住宿费，生活费120元/月；丙等免50%学费和住宿费，生活费60元/月 2. 奖学金，学校自行决定；减免学费，临时经济困难学生	1. 甲等、乙等由市财政负担，丙等区县财政负担 2. 学校事业收入提取3%—5%
天津市②	1. 国家助学金一等、二等和三等，各占1/3（家庭经济困难学生皆可申请，学校审核） 2. 减免学费、设立校内奖助学金和特殊困难补助等支出	1. 一等2 000元/年，二等1 500元/年，三等1 000元/年 2. 学校自行决定	1. 市财政对财力困难区县补贴50% 2. 学校事业收入提取3%—5%

① 北京市普通高中国家助学金管理制度. http://www.bj13zhx.com/webpage/WebPage-Detail_2_44_519.aspx.

② 天津市普通高中国家助学金管理办法（暂行）通知. http://wenku.baidu.com/link?url=AUcfyWs3zHbPfyYhNSGXMGtc5-RBBbv3pmJf2N8DPyileTTuV0-hP2agXKpO4mDtv7e4f2uw-odD7E2MnxNXJbI67JBofw4Z28xdflJf9K.

续表

	学生资助内容	资助标准	经费预算安排
上海市	1.国家助学金一等(需上海市低收入家庭证明)和二等(其他家庭经济困难学生) 2.校内奖助学金和学费减免	1.一等减免学费和书本费(含民办学校),生活费补助2 000元/年;二等生活费补助1 500元/年 2.学校自行决定	1.市和区县财政各自负担 2.学校事业收入提取3%

东部各省的财力都相对充裕,经济发展水平较高,城市化进程较快,一方面资助面较小,另一方面资助的人数并不多。其中最高的为广东省,资助面为2万人,因此,普通高中学生资助的重点在中西部地区,我们对财力雄厚的东部地区,在此我们就不再赘述了。

2. 中部地区学生资助现状分析

中部地区的学生资助数为在校学生数的20%,我们重点分析山西省、河南省、湖北省和湖南省,按照2010年的在校学生数,4个省的资助人数分别是:山西省164 585人,河南省384 315人,湖北省247 412人,湖南省203 808人。之所以选择这4个省份,是因为山西省的政府分担比例在中部相对较高并保持稳定,河南省作为人口大省,其资助的学生数为中部最多,湖北和湖南则是因为两省都属于政府分担比例偏低、个人分担比例较高的省份(尤其是从生均角度来看)。我们发现湖南省对于助学金省内分担模式按照各市、县财政能力做了详细的规定,这是区别于其他中部省份的显著特征,湖北省则承担了全部的遵照西部政策进行管理的县的普通高中助学金,并对其他类型的县区按照不同分类划分为不同的分担模式,但是依照财力进行划分的只有湖南省,这点非常值得借鉴。只有湖北省没有从学校事业收入中提取部分作为学校内部的奖助学金,只有国家助学金这一部分。山西省由于民办学校规模相对较大,因此专门提出民办学校的受助学生由各地政府财政自行解决。

表6－9　中部地区学生资助政策案例

	学生资助内容	资助标准	经费预算安排
山西省①	1. 国家助学金（家庭经济困难的学生皆可申请） 2. 校内奖助学金和学费减免	1. 平均资助标准为1 500元/年，具体等级和标准由各校自行决定 2. 学校自行决定	1. 按学校现行管理体制和经费隶属关系分级负担，59个享受西部开发政策县由省级财政和县级财政按5:5的比例分担，民办学校由当地政府负担 2. 学校教育事业收入的4%
河南省②	1. 国家助学金（家庭经济困难学生皆可申请，独生子女优先） 2. 校内奖助学金和学费减免	1. 平均资助标准为1 500元/年，具体等级和标准由各校自行决定 2. 学校自行决定	1. 省、省辖市或省财政直管县按3:7比例分担 2. 学校事业收入的4%—6%
湖北省③	国家助学金（需提供家庭贫困证明，特别困难群体）	实行每生每年1 000元和2 000元两档标准	36个比照西部政策县市及林区学校全部由省级财政承担；大中城市按省与市2:8比例分担，市辖区按省、市、区2:5:3比例分担，其他县（市、区）按省、县（市、区）5:5比例分担
湖南省④	1. 国家助学金（家庭经济困难学生，向农村和县镇倾斜） 2. 校内奖助学金和学费减免	1. 平均资助标准为1 500元/年，具体等级和标准由各校自行决定 2. 学校自行决定	1. 一是省本级和市州本级所属学校，分别由同级财政负担。二是县市区所属学校，省直管县市、湘西自治州所属县市由省、县两级分担，其他非省直管县（区）由省、市、县三级分担，具体分担比例依据各县市区2008年人均可用财力情况分为4档确定 2. 学校事业收入提取3%—5%

① 山西省普通高中国家助学金管埋暂行办法. http://www.jznlw.gov.cn:8088/nlw/html/07000100/col1000100565/2013－07/18/20130718165928198203566_1.html.

② 河南省普通高中国家助学金管理暂行办法. http://xy.zzedu.net.cn/zwzx/kskd/xszzzx/zytz/10/60380.shtml.

③ 湖北省普通高中国家助学金管理暂行办法. http://zx.jm.e21.cn/web/content.php?id＝34.

④ 湖南省财政厅湖南省教育厅关于建立普通高中家庭经济困难学生国家资助制度的意见. http://www.jyj.czs.gov.cn/jyj/zwgk/zcfg/content_260686.html.

3. 西部地区学生资助现状分析

纵观西部各省，几乎对于国家重点扶贫县和民族地区实行省财政全额负担助学金或者是承担大部分，而且重点是向农村地区和贫困地区倾斜，像四川、广西、重庆和宁夏甚至详细规定了对不同类型地区的资助面差别。由于国家助学金主要是对生活费的补贴，大部分省份都要求学校从事业收入中提取一定比例的经费用于校内奖助学金和学费减免的资助。我们从西部选取了4个资助规模比较大的省份，按照2010年普通高中在校学生数，以资助面为30%进行计算，得到四川省438 675人，陕西省286 758人，广西226 754人，甘肃省194 093。其中四川省的资助面不仅为西部最大，而且是全国最大，资助规模如此之大也就解释了为什么四川省财政分担比例相对较低。另外，四川省对于不同地区的资助面和资助金额也有详尽的规定，由于资助人数较多，对学校使用自身事业收入进行减免学费等学生资助部分，也规定按照最高标准5%执行。广西壮族自治区虽然也对不同区域的资助面进行了差异性的规定，但资助额度与四川不同，直接分为一等和二等，并承担了所有县镇的学生资助。陕西省在国家助学金制度出台之前就已经有自己的助学政策了，2006年出台的《陕西省普通高中家庭经济困难学生资助办法》中指出："凡招收择校生的公办普通高中，要从择校生收费中拿出一定比例的资金，用于资助贫困家庭学生，帮助家庭经济困难学生完成学业。"甘肃省在2010年初也制定了省内的普通高中学生资助办法，资助面为10%，标准为1 000元/年，覆盖面为10%，国家助学金制度开始实行之后，直接将资助标准改为国家标准，财政负担比例并未改变。

表6-10　西部地区学生资助政策案例

省份	学生资助内容	资助标准	经费预算安排
四川省①	1. 国家助学金（民族区域和扶贫县资助面为36%，其余地区28%） 2. 校内奖助学金和学费减免	1. 按区域划分为不同标准，民族区域和扶贫县为1 345元/年，扩权试点县1 316元/年，财力较好4市1 272元/年，成都1 200元/年 2. 学校自行决定	1. 省级财政35%，市县财政65% 2. 学校事业收入提取5%

① 四川省普通高中国家助学金制度管理办法. http://www.sclsedu.gov.cn/images/uploadfiles/20101213113013.pdf.

续表

省份	学生资助内容	资助标准	经费预算安排
陕西省①	1. 国家助学金 2. 校内奖助学金和学费减免	1. 特困生 2 000 元/年，贫困生 1 000 元/年 2. 学校自行决定	1. 中央、省、市县按 8:1:1 比例分担，市县分担比例由各市（区）自行确定 2. 学校事业收入提取不低于 3% 的经费
广西②	1. 国家助学金（城市资助面 15%，民族县、扶贫县、边境县 40%，其他县农村地区 30%） 2. 校内奖助学金和学费减免	1. 一等 2 000 元/年，二等 1 000元/年 2. 学校自行决定	1. 设区市普通高中所需经费由设区市财政承担。自治区直属普通高中和县普通高中所需经费由自治区本级财政负担 2. 学校事业收入提取 3%—5%
甘肃③	国家助学金，主要用于资助学习和生活费，只用于公办高中	标准为 1 500 元/年，各地可在 1 000—2 000 元之间确定	省和市、县按照 5:5 的比例进行分担

对于中西部地区，除了与东部相同的国家助学金之外，还包括了针对普通高中家庭困难学生的中央专项彩票公益金教育助学项目④，这部分助学金则由各地教育基金委进行管理和操作，针对的是中西部县镇农村公办普通高中家庭经济特别困难的学生，主要用于资助学生生活费，标准为每生每年 1 000 元。

① 陕西省普通高中国家助学金管理办法. http://www.lantian.gov.cn/services_viewss.aspx?id=1208.

② 广西壮族自治区普通高中学生资助管理暂行办法. http://www.gxxszz.cn/xszz/zcgd/201101/503.html.

③ 甘肃省普通高中助学金项目. http://wapbaike.baidu.com/view/3939114.htm?uid=wk_1342141034_228&pu=sl%401%2Cpw%401000%2Csz%40224_220%2Cpd%401%2Cfz%402%2Clp%402%2Ctpl%40color%2C&bd_page_type=1&st=3&step=2&net=0&ldr=0.

④ 中央专项彩票公益金教育助学项目. http://61.180.175.160/News_View.asp?NewsID=123.

6.3.2　成本补偿实施的评价——政府机制和市场机制相结合

我国中西部地区经济发展水平较低,2010年农村居民所占比例为55%[①],因此,农村居民的个人分担比例问题已经成为制约我国普通高中教育发展的一大壁垒,如何一方面对无法支付家庭学生高中费用的农民进行补贴,实施政策倾斜,另一方面对高能力低、收入的学生进行奖励,提升教育质量,成为一个亟待解决的现实问题。

从政府机制来看,按照我国普通高中国家助学金的规定,中央分别对东、中、西部按照2:8,6:4以及8:2的比例进行转移支付,各省负担部分的省内分担则由各省自主决定。资助面为东部10%、中部20%和西部30%。国家助学金制度确定的标准为:普通高中国家助学金平均资助标准为每生每年1 500元,用于资助家庭经济困难学生的学习和生活费用开支,具体标准由各地结合实际在1 000—3 000元范围内确定,可以分为2—3档[②]。其中除了助学金之外,市场机制的补充在于,大部分省份都要求学校从事业收入中拿出一定比例,作为学校的奖助学金,用于对成绩优秀的低收入家庭进行学费减免并提供奖学金。

总的来说,目前我国普通高中教育成本补偿呈现出以下几个优点:

第一,国家助学金实行差异化的层级政府成本分担方式。从普通高中国家助学金的分配和政府间的财政分担来看,中部和西部主要以中央政府为主,各省财政只需承担一部分;按照各地经济发展水平和财力的差别,省内的分担模式基本上是中央和省分担模式的延续,对贫困地区的补贴普遍较高,有些省份甚至由省财政直接负担贫困地区的学生资助费用。东部地区3个直辖市不仅对学生的生活费进行了补贴,并且全部或部分补贴了学费和住宿费。

第二,差异化的资助面选择。对于东部、中部和西部没有进行一刀切的资助,而是选择东部资助面为10%、中部20%和西部30%。各省同样按照中央的分配原则对省内的各县资助面进行分配,对于贫困地区和参照西部

---

① 根据2010年《中国统计年鉴》不同地区城镇化水平计算所得。

② 教育部网站关于印发普通高中国家助学金管理暂行办法的通知. http://www.moe.edu.cn/publicfiles/business/htmlfiles/moe/moe_1779/201011/111121.html.

县管理的地区,有些省份的资助面甚至扩展到贫困地区的全部农村居民。

第三,差异化的资助水平。对于贫困程度不同的家庭实行了不同的资助政策,将资助额度分为了3档。差异化的资助水平显示了教育财政中弱势补偿的原则,向最贫困家庭倾斜。对于第一档,很多地区不仅给予生活费资助,还包括减免学费的政策。

第四,政府机制和市场机制双重保障。普通高中实施校内奖学金及其他配套资助相辅助政策,大部分地区要求学校从事业收入中拿出3%—5%用于学费减免和奖学金,在学生资助上做到了奖、助学金相结合,奖学金可有效地促进学生资助的效率,而助学金则具有普惠性质,照顾的是低收入家庭,效率和公平两者相结合,能够体现出成本补偿的价值,而且对于中西部地区还有专项的资助相辅助。

不过由于我国对普通高中的成本补偿实施时间不长,因此还有很多需要改进的地方。首先,基于自身财政能力的限制,目前我国的国家助学金只覆盖到生活费补贴,虽然东部北京和上海将学费减免囊括进来,但总的来说,全国资助的力度应进一步加强,将学费减免覆盖进来。第二,中西部地区经济发展水平相对落后,农村居民比例较大,在这样的情况下,对于中西部尤其是西部地区而言迫切需要有更大的资助面来覆盖整个贫困地区和农村地区的学杂费减免和生活费补贴,以助于很多贫困地区农村家庭的学生在义务教育之后选择进入普通高中学习。第三,给予学校更多的自主权对高能力、低收入的学生进行奖励和资助,通过学校的教育质量竞争和激励性的成本补偿,能更好地衔接低收入家庭子女接受优质的普通高中教育和高等教育。

第 7 章　教育成本分担结构对普通高中教育发展的影响

前文指出,普通高中教育的发展已经进入到以质量和办学方式多样化为重心的阶段,本章按照普通高中成本分担对普通高中教育发展的影响来讨论一下成本分担的结果。第一,从教育质量出发,考察不同的成本分担对于学校投入和产出质量的影响。我们使用生均经费的水平反映经费投入的质量,使用考上重点大学的学生比例来衡量普通高中学校的产出质量,通过分担结构对投入和产出质量的影响,考察普通高中成本分担结构对学校质量的影响。第二,从普通高中教育多样化发展的角度出发,考察不同成本分担结构对民办教育发展的影响。民办高中作为公办高中的补充和竞争对手,有利于促进生源和教育质量的竞争,促使学校提高质量,促进普通高中教育的多样化发展,我国民办高中的发展之所以是作为公办高中的有效补充,主要是由于公办学校政府分担比例较低形成的。

7.1　教育成本分担结构对普通高中教育质量的影响

7.1.1　问题的提出

普通高中教育是基础教育的重要组成部分,很多发达国家的义务教育包含了高中阶段教育部分,其公立学校完全由政府财政负担。在我国,普通高中教育为非义务教育阶段,实行以政府投入为主、多渠道筹措资金的拨款方式,这就意味着我国高中教育将一部分成本转移到学生家长身上,在财政投入中实行成本分担。各省在发展普通高中教育的过程中,政府和个人分担比例差异较大。因此,本研究中普通高中教育成本分担结构就包括政府分担和个人分担两部分。

各地经济发展水平和财政能力不同,政府对不同层级教育的偏好不同,目标取向不同,使得普通高中教育的分担结构会随之差别很大。那么不同的分担结构对于普通高中的教育质量会有什么样的影响呢？一方面成本分担需要学生缴纳学费,这就会产生竞争,使学生更珍惜在校时间,更努力地学习,从而提高学校教育的质量;另一方面,如果成本分担中家庭负担过重,政府投入不足,则会使学校的人力、物力和财力的投入面临困难。

中国教科院教育质量标准研究课题组将教育质量分为3个维度:内容标准、评价标准和保障标准。内容标准是准入标准,即课程框架;评价标准则是评估学生的知识掌握能力;保障标准为人力、财力、物力及管理水平的标准。保障标准可以称之为教育投入的质量,一般来说,对学校的投入主要包括人、财、物,如果学校有充足的教育财政投入,那么就可以招聘质量更高的教师,并不断提高办学条件,而这一切的前提在于充足的教育财政投入。

笔者试着从教育质量保障标准和评价标准的角度分析目前我国普通高中教育成本分担结构对其产生的影响。

普通高中经费投入一直实行的是成本分担的原则,不同的分担结构对于普通高中教育质量的影响关系到普通高中教育筹资模式的改革问题。因此,我们关注的第一个层面的问题是,成本分担结构对普通高中质量保障标准(投入)的影响。普通高中的成本分担结构是否增加了生均教育经费支出？是政府分担在起主要作用还是个人分担在起主要作用？政府对高中投入的努力程度对普通高中生均经费有什么样的影响？需要关注的第二个层面的问题是,成本分担结构对普通高中教育质量评价标准(产出)的影响。以一本升学率作为教育质量产出的代理变量,分析政府和个人不同的分担比例对其有什么样的影响？生均经费投入是否可以有效地促进教育质量的提升？

7.1.2 文献综述

教育成本分担涉及经费投入是否充足和分担结构是否合理两个问题。Minorini(1999)认为教育经费充足性水平的制定并非关心学校或者学区之间所拥有的教育经费的多寡,而是关心学校或者学区是否获得足够的教育经费,为每一名学生提供达到充足教育水平所必需的教学服务,也就是达到不同的教育质量标准的要求。Gthrie W(1999)认为定义基础教育经费充足性水平应为两部分:一是各州规定的每名学生必须达到的教育产出标准;二是各州为每所学校提供教育经费,确保学校能保证学生达到规定的学业产出标准,该经费水平被称为基础教育财政的充足性水平。Baker(2005)认为教育经费投入充足包括两个部分:绝对标准,对于所期望的教育结果的水平相联系的财政支持的总体值,实际上是宏观充足;相对标准,对于不同教育需求的学生不同的教育成本,也就是微观充足。

教育从本质上是成本递增的,而成本是质量的保障。采用现代化的教学方式和手段,配置先进的教学仪器和设备,提供优秀的师资资源和保障优良的生活、工作条件无一不需要成本投入。近年来高中教育发展迅速,政府投入短期内不可能大幅度增长以满足高中教育发展的全部需要,实施高中教育成本分担,拓宽教育筹资渠道,既可以及时地为高中教育筹集必要的资金,社会资源广泛参与高中教育发展又可以促进教育资金的合理使用和有效监管,有利于高中教育的质量和效率提升(李楠,2011)。彭湃和陈文娇(2007)对我国普通高中教育成本分担结构进行了相对系统的研究,通过分析我国1996—2003年政府与个人分担比例的变化趋势及学杂费支出的变化后明确指出,政府分担的比重正逐年下降,个人分担的比重正逐年上升,个人与家庭所支付的学杂费增长速度快,占生均教育经费、城乡居民收入的比重均上升,农民家庭的高中教育成本负担较重。陈如平(2012)在对学校经费问题的调研中发现,大部分示范性高中处于高额负债的状态,河南有86.84%的校长反映经费短缺是其发展最大的挑战。高丙成和陈如平(2013)在对我国普通高中教育综合发展水平的研究中发现,经济越发达的地区,财政投入力度越大,普通高中教育综合发展水平及教育机会、教育条件、教育质量越高。政府教育财政投入主要目的在于满足地区教育需求,宏观上促进教育均衡和质量提升。家庭教育投入和政府投入的差别在于投入主体不同、决策动机不同,家庭教育投入取决于家庭个体的教育需求和家庭利益的满足,有利于因材施教,照顾到学习者的个体差异和不同需要,能够对教育质量产生积极影响(叶忠等,2014)。教育投入问题已经成为普通高中教育能否健康地朝着内涵式发展的最大障碍,因此,政府和个人分担比例的合理性以及成本补偿的公平性显得愈发重要。

从以往的研究中发现,国外的研究从财政充足性水平出发,对于教育投入质量和产出质量都提出了明确的要求,也为本研究关于成本分担结构对于教育质量的影响提供了参照的视角。国内对于普通高中教育成本分担的研究,基本上是趋势分析和成本分担的影响因素研究,很少涉及现行的成本分担结构对于教育投入和产出质量的影响。因此,本研究利用1998—2011年的省级面板数据,从教育分担结构对普通高中教育投入质量和产出质量的影响进行分析，从效果评价的视角分析我国目前普通高中教育成本分担制度。

7.1.3 研究设计和方法

（一）相关指标及数据来源

教育财政投入可以用经费总量或生均教育经费来衡量，生均教育经费可以避免我们进入经费投入的“增长陷阱”当中，即虽然经费投入的总量在不断增加，但是生均教育经费却是在减少的，这就是所谓的“增长陷阱”。生均教育经费可以有效地反映经费投入的质量。也就是说，生均教育经费支出应不断增加，以保障学校充足的教育经费可服务于学校的教学质量提升。具体到普通高中而言，就是保障普通高中生均教育经费支出不因学生规模的扩大而减少。

普通高等学校招生全国统一考试——高考，作为全国统一命题的高等教育选拔考试，在一定程度上反映了普通高中的教育质量，因此，我们将高中升学率作为普通高中教育质量评价标准的代理变量，即普通高中的产出质量。高中升学率指的是高中毕业生升入高等教育的学生比例，高等教育包含一本、二本和三本，其中一本为重点大学、二本为一般本科、三本则主要包括一些民办和独立院校，高考录取是按照一本、二本和三本的录取顺序进行。因此，以高考成绩为标准的高中升学率表示普通高中教育的产出质量，在一定程度上是合理的。但由于各地高中升学率的差异并不是很大，以高中升学率作为代理变量是很难发现其教育质量的差异的，但是升入一本、二本和三本的学生比例有很大差异。因此，相对于高中升学率而言，升入一本的比例能更好地反映普通高中教育的质量。

同时，为了消除通货膨胀和地区物价水平差异的影响，我们借鉴布兰特和霍尔兹的地区价格指数调整方法，将生均经费数据、人均 GDP、人均家庭可支配收入、农村人均纯收入等数据均按照 1998 年的全国平均价格进行了相应的物价调整，并进行对数化处理。此外，普通高中教育经费数据仅指地方普通高级中学的经费数据，不包括中央所属中学的经费数据，所有财政经济数据均是地方数据，不包含中央数据。

在本文中，主要使用的省级教育及教育经费数据来自于 1998—2011 年的《中国教育统计年鉴》和 1999—2012 年的《中国教育经费统计年鉴》，省级经济和人口数据来自 1998—2011 年《中国统计年鉴》,财政数据来自财政部 1998—2011 年间的《中国财政统计年鉴》,2009—2011 年高考一本录取率来自于各省教育厅网上官方数据。由于西藏的特殊性,本文的分析未将其包含在内。

(二)普通高中教育质量差异比较

1. 教育质量保障(投入)的差异比较

表 7 - 1 给出了 1998—2011 年按照 1998 年综合价格调整后的省级层面的生均经费均值、最大值、最小值和基尼系数。从均值来看,14 年间生均经费一直在增长,从 1998 年的 2 367.86 元增加到 2011 年的 8 410.65 元,增长了 3 倍多。而最大值和最小值之间也呈现出越来越大的差距,其差距从 1998 年的 4 382.49 元增加到 18 739.06 元,增长了 4 倍多。基尼系数描述了省份间生均教育经费的不平等程度,从 2002 年起,不平等程度开始加大,2005 年之后基尼系数维持在 0.23,2010 年升至 0.24。图 7 - 1 通过生均经费和生均预算内经费的基尼系数对比,使我们可以更清晰地发现,教育投入的差异一直呈现出上升的趋势,其中政府投入差异更大,直到 2011 年才开始有了下降的趋势,即从 2010 年的 0.284 下降到 2011 年的 0.26。

表 7 - 1　省级层面普通高中生均教育经费的描述性统计

年份	均值(元)	最大值(元)	最小值(元)	基尼系数
1998	2 367.86	5 531.37	1 148.88	0.20
1999	2 654.15	6 052.49	1 377.75	0.19
2000	2 880.10	5 288.80	1 504.20	0.20
2001	3 260.81	6 815.93	1 691.07	0.19
2002	3 667.56	7 194.31	1 819.50	0.20
2003	3 779.68	8 489.96	2 030.11	0.21
2004	3 943.43	9 506.28	2 091.62	0.22
2005	4 289.46	1 1007.76	2 338.03	0.23
2006	4 657.68	1 1825.38	2 585.20	0.23
2007	4 946.13	1 3244.06	2 803.93	0.22
2008	5 522.07	16 150.64	3 241.23	0.23
2009	6 285.51	17 439.17	3 404.94	0.23
2010	7 178.44	19 894.60	3 840.81	0.24

续表

年份	均值(元)	最大值(元)	最小值(元)	基尼系数
2011	8 410.35	23 805.04	5 065.98	0.24

数据来源:《中国教育经费统计年鉴》(1998—2011),为了便于比较,表中生均预算内教育经费以1998年全国平均物价水平为基数进行了调整。

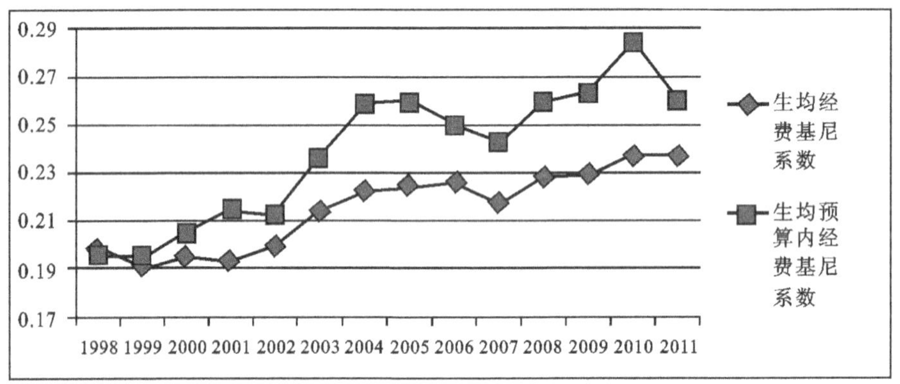

图7-1　地方普通高中生均教育经费和生均预算内教育经费基尼系数(1998—2011)

2. 教育产出质量的差异比较

通过普通高中一本升学率在各省的分布可以发现(图7-2),2009年和2010年的一本升学率基本上呈上升趋势,特别明显的是2010年东部沿海地区的升学率较2009年有了很大的提升,从0.05—0.07的区间上升到0.11—0.31的区间之中,2010年各省升学率基本上都高于5%,但2011年东部各省的一本升学率又有所下降,但更为均衡,基本上都维持在0.09—0.11区间之内。北京一直都是升学率最高的城市,2009年为24%,2010年和2011年都维持在31%。新疆和青海在西部的升学率位于最高,中部地区的升学率明显偏低。

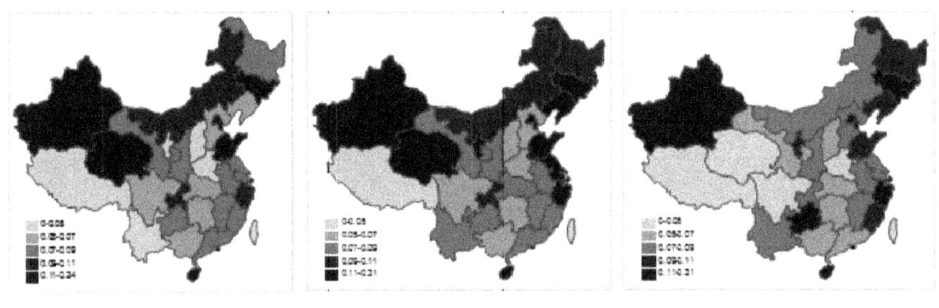

图7-2　2009—2011年普通高中一本升学率分布图

(三)模型及变量意义

1. 基本模型

为了更好地检验普通高中教育成本分担结构对普通高中教育质量的影响,我们使用1998—2011年面板数据来分析我们关注的两个问题——成本分担结构结构对普通高中教育投入和产出质量的影响。

研究假设:政府分担比例和对普通高中教育的努力程度与政府教育质量(投入和产出)显著正相关。

根据假设,按照影响教育质量的需求和供给因素,除了我们重点关注的教育成本分担结构之外,从供给角度加入了财政变量,从需求角度加入了经济变量和人口变量。构建教育投入质量模型:

$$EXP_{it} = \alpha + \beta \cdot sharc_{it} + r \cdot GOV_{\alpha} + \delta \cdot FIS_{it} + \theta \cdot POP_{it} + \alpha_i + \varepsilon_{it} \quad (1)$$

其中 EXP_i 是因变量,表示第 i 省第 t 年地方普通高中生均教育经费支出和生均预算内教育经费支出。解释变量分别由表示政府和个人分担比例的变量 $Sharc_{it}$、表示政府对普通高中的努力程度和偏好的变量 GOV_{it}、表示政府财政支出和经济发展水平的变量 FIS_{it},以及人口因素变量 POP_{it} 组成。a_i 为不可观测的、不随时间而改变的因素。

使用2009—2011年的混合截面数据建立教育产出质量影响因素模型:

$$SXL_{it} = \alpha + \beta \cdot Share_{i\bar{t}} + r \cdot EXP_{i\bar{t}} + \delta \cdot GOV_{i\bar{t}} + \theta \cdot FIS_{i\bar{t}} + \tau \cdot POP_{it} + \varepsilon_{it} \quad (2)$$

其中因变量 SXL_{it} 表示第 i 省第 t 年地方普通高中一本升学率。解释变量分别由表示政府和个人分担比例的变量 $Sharc_{i\bar{t}}$、表示政府对普通高中的努力程度和偏好的变量 $GOV_{i\bar{t}}$、表示教育投入质量的 $EXP_{i\bar{t}}$、表示政府财政支出和经济发展水平的变量 $FIS_{i\bar{t}}$、人口因素和经济因素的变量 POP_{it} 组成。考虑到投入对产出影响的滞后性,教育投入变量和政府财政支出变量均按照滞后两期的和当期值作了移动平均值的处理,$\bar{t}$ 表示当期年份和滞后两期年份的移动平均。

综合以上两个模型,将分别从供给角度出发重点分析地方财政和教育财政结构变量对普通高中教育投入和产出质量的影响,从需求角度将加入地方经济变量和学生规模变量。

2. 地方财政、经济和人口统计变量

模型中使用人均财政支出、高中学生数和人均GDP分别作为地方财政、学生规模因素和经济发展水平的代理变量。经济发展水平越高,地方财政能力越强,人均财政支出越多,用于教育的财政经费也会随之增多,地方居民也有能力支付高中的学杂费。为了模型的一致性,财政和经济变量均使用3年移动平均值。

3. 教育财政结构变量

包括教育财政分担结构、政府对普通高中教育的努力程度和教育投入质量。

$Sharc_{it}$:政府和个人分担比例。为了结果的稳健性,使用两种方式表示政府分担比例,从收入来源角度,使用地方普通高中教育经费收入占其中国家财政性教育经费所占比例,从支出来源角度,使用地方普通高中生均教育经费支出中生均预算内教育经费支出所占比例。个人分担比例则使用地方普通高中教育经费收入中学费所占比例。

GOV_{it}:地方政府普通高中教育投入偏好。地方政府对普通高中教育的偏好使用地方政府财政性教育经费用于高中的比例表示,用于高中的比例越高,则说明政府对高中教育的发展越重视,越倾向于投资普通高中教育。

EXP_{it}:教育投入质量。一方面是需要分析的因变量,另一方面,教育投入质量的差异会直接影响到教育产出质量的差异,因此,在教育产出质量影响因素模型中,为了模型的稳健性,在基本模型中,分别加入了教育投入质量和政府投入质量的因素考察对产出质量的影响。同样使用生均经费和生均预算内经费的3年移动平均值作为教育投入质量变量。

7.1.4 实证结果和解释

(一)固定效应模型

本研究中使用1998—2011年的省级面板数据,分析教育投入质量的影响因素;使用2009—2011年的省级面板数据,分析教育产出质量的影响因素。方法上,通过Hausman检验,选择使用固定效应模型,目的在于可以有效地消除α的影响。α有可能是某地的文化传统、居民对教育的重视程度、地理位置和政府的财政偏好等,这些因素可能既影响教育投入和产出质量,又与其他解释变量相关,而且这些因素在短期内不会发生变化,固定效应模型可以有效地消除这些因素的影响。

为了更好地回答所关注的两个层面的问题,需要在模型设定中加入影响基本模型稳健性的变量,以确保模型设定的正确性。在教育投入质量模型中,分别加入政府分担比例、个人分担比例以及政府的努力程度考察对教育投入质量的影响;此外,为了更清晰地聚焦政府投入,模型 4—6 考察了 3 个主要解释变量对政府投入质量的影响。在教育产出质量模型中,除了成本分担结构变量之外,加入了教育投入质量和政府投入质量考察投入质量对产出质量的影响。

(二)成本分担结构对普通高中教育投入质量的影响分析结果

利用 1998—2011 年的省级面板数据,分别分析地方普通高中生均教育经费和生均预算内教育经费支出的影响因素,结果见表 7-2、表 7-3:

表 7-2 地方普通高中生均教育经费支出影响因素分析(1998—2011)

解释变量	因变量:普通高中生均教育经费支出		
	m1	m2	m3
政府分担比例	-1.235***		
	(0.151)		
个人分担比例			0.500***
			(0.180)
政府偏好	7.948***	5.988***	6.762***
	(0.618)	(0.616)	(0.671)
财政支出	0.648***	0.552***	0.563***
	(0.049 5)	(0.052 1)	(0.051 8)
高中学生数	-0.682***	-0.396***	-0.494***
	(0.049 5)	(0.037 9)	(0.051 6)
人均 GDP	0.153**	0.062 6	0.084 0
	(0.067 4)	(0.071 9)	(0.071 7)
常数项	10.93***	8.168***	9.001***
	(0.568)	(0.494)	(0.574)
样本量	420	420	420
	0.922	0.909	0.911
R^2			
模型设定检验结果	FE	FE	FE

注:(1)表中所示为回归系数,括号中报告的是标准差,所用数据均不包含西藏地区;

(2) *: $^{*}p < 0.10$, $^{**}p < 0.05$, $^{***}p < 0.01$。

表 7-3 普通高中生均预算内教育经费支出影响因素分析(1998—2011)

解释变量	因变量:生均预算内教育经费支出		
	m4	m5	m6
政府分担比例(投入)	0.351**		
	(0.155)		
个人分担比例			0.100 0
			(0.173)
政府偏好	5.788***	6.345***	6.500***
	(0.635)	(0.589)	(0.648)
财政支出	0.621***	0.648***	0.650***
	(0.050 9)	(0.049 8)	(0.050 0)
高中学生数	-0.626***	-0.708***	-0.728***
	(0.050 9)	(0.036 2)	(0.049 8)
人均 GDP	0.267***	0.292***	0.297***
(0.069 3)	(0.068 7)	(0.069 2)	
常数项	7.896***	8.682***	8.849***
(0.584)	(0.472)	(0.554)	
样本量	420	420	420
	0.947	0.946	0.946
R^2			
模型设定检验结果	FE	FE	FE

注:(1)表中所示为回归系数,括号中报告的是标准差,所用数据均不包含西藏地区;

(2) *: *p < 0.10, **p < 0.05, ***p < 0.01。

1.政府分担比例增加能有效促进生均预算内教育经费增长;但生均经费增长的贡献却显著来自于个人经费分担比例

从回归结果来看,政府分担比例提高,反而使生均教育经费支出减少了。也就是说,目前的分担结构中,非政府分担比例的提高显著地促进了生均教育经费支出的增加。我国政府分担比例西部最高,这与西部地区政府分担比例很高,但生均教育经费支出很低的现实是相符的。个人分担比例对生均教育经费支出显示出显著的正相关关系,说明非政府分担比例能显著促进生均经费的增长。非政府分担比例,尤其是学杂费所占比例的增加,在 1998—2011 年间显著地促进了生均教育经费支出的增长。与对生均经费的影响不同,政府分担比例对于生均预算内教育经费支出具有正向的影响,政府分担比例每增加 1%,生均预算内教育经费增加 0.35 个百分点(模型 4)。也就是说,政府分担比例高,并不代表政府投入高,分担比例高有可能是因为当地本身经费投入比较小,处于"吃饭财政"的阶段,因此表现出低水平的高政府分担比例。

2. 政府对普通高中教育投入的努力程度越高,生均教育经费增长越高

政府对普通高中的投入偏好,反映了在教育资源配置中政府对普通高中投入的倾斜和重视程度。考察政府对高中财政偏好的影响发现,政府财政性教育经费用于高中的比例越高,普通高中生均教育经费支出就越多,按照模型 1 的结果,政府财政性教育经费用于高中的比例每提高 1 个百分比,普通高中生均经费支出增加 7.9%,由此可见政府偏好对普通高中生均教育经费增长的影响最大。因此,政府投入适当向普通高中倾斜,可以最有效地促进普通高中生均教育经费的增长。同样,对生均预算内教育经费支出有显著的正向影响,根据模型 4 的结果,政府财政性教育经费用于高中的比例每增加 1%,生均预算内教育经费支出增加 5.79%。

3. 普通高中学生规模越大,生均教育经费减少越多

普通高中学生数对普通高中教育投入质量和政府投入质量均有显著的负向影响。普通高中学生规模每增加 1%,生均教育经费支出会减少 0.68%(模型 1)。这说明经费的增加赶不上学生规模的增加,我国普通高中教育经费投入不足的问题显现,因此如何促使生均经费的稳定增长,不因学生规模的增加而减少成为现阶段要解决的问题。

4. 经济和财政因素对普通高中教育投入质量均具有正向的影响

作为地方财政支出水平和经济发展水平的指标,地方人均财政支出和人均 GDP 均对普通高中教育投入质量和政府投入质量有显著的促进作用。按照模型 1 的结果,地方人均财政支出和人均 GDP 每增加 1%,普通高中生均教育经费分别增长 0.65% 和 0.13%。

普通高中投入质量影响因素分析的结果表明:个人对普通高中教育经费的分担明显地促进了生均经费的增长,政府分担比例虽然促进了生均预算内教育经费的增长,但是生均预算内教育经费的增长速度低于生均预算

外教育经费的增长速度,因而更加证实了个人分担比例的增加对生均经费增长的贡献。生均经费的增长依赖于预算外教育经费的增长,而政府对普通高中投入的努力程度不论是对生均经费还是生均预算内教育经费,都有显著的正向影响,这也再次说明了政府对普通高中的偏好对经费投入提高的巨大作用。

(三)成本分担结构对普通高中教育产出质量的影响分析结果

利用2009—2011年的省级面板数据,分析教育成本分担结构对普通高中一本升学率的影响,结果见表7-4。

表7-4　普通高中一本升学率混合截面数据回归结果(2009—2011)

解释变量	因变量:地方普通高中一本升学率(2009—2011)			
	模型7	模型8	模型9	模型10
政府分担比例	0.045 3		0.053 1	-0.019 7
	(0.036 0)		(0.035 6)	(0.040 7)
个人分担比例		-0.050 6		
			(0.063 2)	
政府普通高中偏好	-0.316	-0.292	-0.284	-0.299
	(0.202)	(0.203)	(0.200)	(0.193)
生均教育经费			0.0425*	
			(0.022 1)	
生均预算内教育经费				0.0637***
				(0.021 4)
普通高中在校学生数	-0.036 4***	-0.036 9***	-0.030 7***	-0.025 6***
	(0.004 63)	(0.005 04)	(0.005 44)	(0.005 74)
人均财政收入	0.008 64	0.010 5	-0.009 74	-0.018 9
	(0.012 3)	(0.012 2)	(0.015 4)	(0.015 0)
人均GDP	0.032 2**	0.030 2**	0.025 4*	0.024 8*
	(0.015 0)	(0.014 9)	(0.015 2)	(0.014 5)
重点大学数量	0.003 36***	0.003 29***	0.003 10***	0.002 98***
	(0.000 683)	(0.000 686)	(0.000 686)	(0.000 664)
常数项	0.194*	0.244***	-0.052 9	-0.143
	(0.101)	(0.088 2)	(0.162)	(0.149)

续表

解释变量	因变量:地方普通高中一本升学率(2009—2011)			
	模型7	模型8	模型9	模型10
样本量	89	89	89	89
R - squared	0.783	0.781	0.793	0.805

注:(1)表中所示为回归系数,括号中报告的是标准差,所用数据均不包含西藏地区;

(2) *:*p < 0.10, **p < 0.05, ***p < 0.01。

1. 生均经费尤其是生均预算内教育经费的投入对产出质量影响显著

回归结果(表7-4)表明,从生均支出的角度发现,不论是生均教育经费还是生均预算内教育经费对于升学率都有显著的正向影响,生均经费和政府生均拨款每增长一个百分点,一本录取率分别增加0.04%和0.06%(模型9、模型10),后者的显著性水平更高。从结果来看,增加普通高中教育的经费投入,尤其是增加政府经费投入的质量,可以有效地提高其一本升学率。

2. 政府和个人分担结构和政府对普通高中教育的努力程度对产出质量的影响不显著

从政府和个人的分担结构以及政府对普通高中的努力程度,即政府偏好角度进行分析发现,两者间并没有显著的关系。但政府分担比例对一本升学率的影响依旧是正向的,而政府普通高中教育投入偏好对产出质量则表现出负向的影响。可能的原因是当地高中的规模较大,因此从总量的比例上看是较大的,但其增长速度慢于学生规模的增长速度,因此仍旧为负。

3. 普通高中学生规模和经济因素对教育产出质量影响显著

从控制变量的影响来看,普通高中在校生规模对产出质量都产生了显著的负向影响,说明随着学生规模的扩大,各省的一本录取率在降低。从经济因素来看,人均GDP对一本升学率均表现出显著的正向影响,表明高中3年期间地区的经济环境对于普通高中教育的发展作用显著。

普通高中不同教育投入对教育产出质量的影响分析结果表明:生均教育支出,尤其是政府生均支出,可有效地提高普通高中的教育质量,从而使得进入一本的学生比例增加,这表明投入质量影响着产出质量。由上文的分析可知政府分担比例对政府生均经费支出有显著的正向影响,而个人分担比例(学杂费占比)的增加一般源于政府投入不足,需要个人承担更多的经费,这样做的后果很有可能导致学校经费不足,相应的人、财、物的配置较低,从而削弱教育质量。

7.1.5 结论和启示

本文利用1998—2011年省级面板数据和2009—2011年混合截面数据,通过分析教育成本分担结构和政府的努力程度对普通高中教育投入和产出质量的影响,结果发现:政府分担比例对普通高中教育投入质量并没有起到应有的作用,但是显著促进了其产出质量,政府的努力程度只是对普通高中教育投入影响显著。也就是说,我国普通高中教育的成本分担结构中,政府对普通高中教育的努力程度过低,导致政府分担比例对投入并没有起到应有的作用。但经费的投入质量会显著地影响到普通高中的产出质量,因此,应进一步加大政府分担的比例,加大政府对普通高中教育的投入偏好。

第一,增加政府分担比例,减少家庭教育负担。在普及高中阶段教育的目标框架下,中等职业教育已经实现了全面的免费政策,因此应逐步将普通高中教育纳入免费教育体系,由政府全额负担,保障普通高中教育经费的提供。

第二,教育经费用于高中的比例应逐步提高。普通高中教育作为连接义务教育和高等教育的桥梁,从社会公平的视角来看,高质量的普通高中教育有助于打开代际向上的渠道,维护社会公平。而高质量的普通高中教育要求进一步提高教育投入的质量,总量的增长并不能代表投入质量的增长。因此,政府应提高对普通高中教育投入的努力程度,为了达到一定的产出质量标准,需进一步提高生均经费。

第三,从环境因素来看,应加大对经济不发达地区的财政转移支付。财政支出对投入质量和产出质量均产生了显著的正向影响。因此,应加大对中西部地区的转移支付力度,提高地方政府的财政能力。

第四,从制度保障来看,政府应尽快建立普通高中教育经费保障体系,逐步做到各省核定生均经费标准,通过转移支付核定层级政府责任,并将经费纳入公共财政预算系统,保证普通高中教育经费的长效、稳定供给。

7.2 教育成本分担对民办高中规模的影响

作为公办学校的有效补充,市场提供的民办学校发展一定程度上满足了社会对普通高中教育的需求,民办学校办学方式呈现出多样化的格局,以山西省为例,共有4类办学模式——依托名校、公办民助、私立自办、国有民办(胡卫平等,2004)。民办高中的发展打破了公办学校一家独大的局面,多种办学方式并举,一方面满足不同人群对教育多样化的需求,另一方面与公办学校和其他民办学校之间展开生源的竞争,对于普通高中学校质量的提升起到了一定的作用。

7.2.1 民办高中规模的描述性分析

民办高中招生规模的变化可以反映民办高中整体规模的变化情况,相对于在校学生数更能反映出其规模的变化趋势。《中国教育年鉴》从2003年开始对民办教育的发展状况进行了统计,从其发展的规模来看,与我国普通高中教育学生规模的发展路径基本相同,均表现出先升后降,之后平稳发展的路径,民办高中招生规模占高中招生规模的比例在2006年达到最高,10.43%的学生在民办高中就读,随后稍有降低,2009年的比例为9.8%。具体到东部、中部和西部的变化趋势(图7-3),由于其经济发展状况、市场化程度和城镇化水平的不同,民办高中招生的规模也有很大差异。政府分担比例最低、个人分担比例最高的中部地区,民办学校招生数所占比例最大,东部次之,西部最少。东部和中部的民办招生规模占比在2005年都达到最大值,分别为12.3%、15%,其发展趋势和规模都比较相近,政府分担比例最高的西部地区,民办学校的发展则远远落后于中东部地区,其招生规模占比基本上一直位于6%以下。从直观上来看,东、中、西部地区民办高中教育规模的发展与政府分担比例的变动有着截然相反的方向。

具体从各个省民办教育规模的变动来说,有如下特征(表7-5):第一,就东部地区民办高中规模而言,基本上是处于平稳发展的状态,民办高中规模占比最大的两个地区为上海市和浙江省,但上海市民办招生规模占比一直呈下降趋势,到2009年已由2003年的21.46%下降至9.75%,而在此期间其政府分担比例则一直处于上升阶段,浙江省虽然一直保持高于20%的招生率,但与此同时,其政府分担比例却一直徘徊在50%左右。另外,除了海南省由2003年的5%上升至2009年的9.4%之外,东部其他地区的民办学校招生规模则相对平稳,基本变化不大。第二,中部地区各省民办高中规模的发展速度相对较快。山西省和江西省的民办高中规模最大,分别超过了20%和15%,其中山西省的政府分担比例和个人分担比例在中部地区都相对较高。此外,安徽、河南及湖北的民办高中招生规模呈扩大趋势,吉林省则基本保持不变。第三,西部地区民办教育规模发展水平均比较低,只有陕西省民办高中招生比例高于10%,民办高中招生比例低于5%的省份就有6个,民办高中在西部还有很大的发展空间。就全国总体来说,民办高中教育招生规模最大且保持稳定的两个省份分别是浙江省和山西省,上海的民办教育发展呈现出迅速萎缩的态势,从2003年的民办招生规模占比21%降到2009年的不到10%。

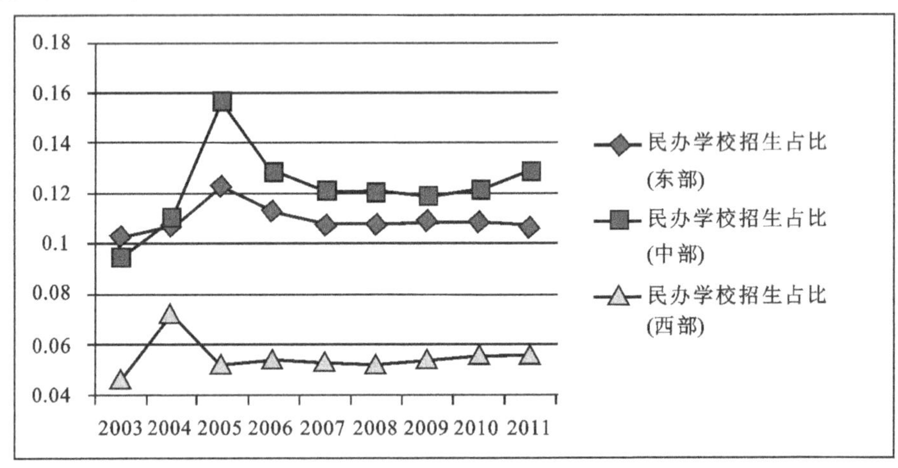

图7-3 民办学校招生规模变化趋势(2003—2011)

表7-5 各省民办高中招生数占高中总招生数的比例(2003—2011)

区域 \ 民办学校招生数占比% \ 年份		2003	2004	2005	2006	2007	2008	2009	2010	2011
全国		8.44	9.56	10.42	10.43	9.91	9.80	9.80	9.68	9.82
东部	北京市	8.59	10.94	9.22	8.71	8.72	8.16	8.16	8.44	8.99
	天津市	9.15	6.90	10.89	10.64	9.72	9.39	9.39	10.21	8.75
	河北省	9.32	10.38	11.84	10.63	9.74	9.11	9.11	8.82	9.30
	辽宁省	8.95	9.49	9.75	10.87	10.27	10.84	10.84	21.34	20.99
	上海市	21.46	11.53	11.82	12.14	11.16	9.75	9.75	2.74	2.87
	江苏省	8.11	12.58	13.46	14.82	16.31	16.62	16.62	10.75	11.27

续表

区域	民办学校招生数占比% \ 年份	2003	2004	2005	2006	2007	2008	2009	2010	2011
东部	浙江省	21.95	23.40	35.57	23.13	21.60	22.92	22.92	6.61	6.38
	福建省	6.12	8.54	9.05	10.02	9.70	10.63	10.63	7.63	7.36
	山东省	11.21	12.84	12.80	10.23	9.25	8.08	8.08	9.11	8.30
	广东省	3.77	4.90	4.85	5.05	5.01	4.96	4.96	16.17	15.23
	海南省	5.12	6.04	5.99	8.24	7.20	9.39	9.39	22.26	22.29
中部	山西省	15.04	16.45	20.78	20.54	19.57	21.71	21.71	14.31	16.13
	吉林省	5.81	7.36	7.10	6.72	5.42	5.95	5.95	11.04	11.47
	黑龙江	11.83	10.55	34.22	9.50	9.62	8.14	8.14	14.83	14.64
	江西省	15.67	19.42	18.68	17.68	16.25	15.09	15.09	7.77	7.79
	安徽省	6.54	8.49	10.10	12.06	12.93	14.26	14.26	11.35	12.08
	河南省	7.89	10.03	12.70	12.69	11.29	11.39	11.39	10.11	13.88
	湖北省	5.05	6.04	8.15	10.61	9.68	10.40	10.40	11.74	11.67
	湖南省	8.40	9.85	13.42	12.96	11.97	8.48	8.48	4.92	5.37
西部	内蒙古	6.57	6.04	5.34	5.19	4.44	3.49	3.49	7.93	8.29
	广西	8.79	10.48	9.60	9.36	8.62	7.96	7.96	9.92	9.27
	重庆市	2.88	3.14	2.09	3.85	3.64	3.88	3.88	3.83	5.19
	四川省	3.31	6.72	4.01	4.66	4.48	4.51	4.51	5.33	5.36
	贵州省	6.42	16.02	8.72	7.85	6.41	7.24	7.24	8.00	8.05
	云南省	3.39	5.78	4.47	4.83	4.59	6.00	6.00	5.89	5.92
	西藏	1.14	1.79	0.65	0.85	0.28	0.00	0.00	0.00	0.00
	陕西省	8.18	11.88	9.26	10.07	10.54	11.07	11.07	10.21	9.81
	甘肃省	5.33	8.50	5.75	5.33	4.93	6.13	6.13	6.43	5.38
	青海省	0.63	0.97	0.53	1.22	1.31	1.65	1.65	2.68	2.62
	宁夏	2.32	3.77	3.78	3.86	5.74	4.33	4.33	4.81	3.83
	新疆	2.95	5.68	3.57	2.81	3.19	3.01	3.01	3.42	4.10

我国民办高中所占比例为20%，招生数所占比例为10%，与公办学校相比，其规模相对较小。民办学校举办者的投入作为社会投入的一部分，在教育经费中的比例越来越小，民办高中作为政府为主提供高中教育服务的有

效补充,仍有很大的发展空间,那么影响我国民办高中发展的因素有哪些?前文的描述性分析给了我们一个初步的认识,以民办教育规模较大的浙江省和山西省为例,浙江省的经济较为发达,政府投入比例和政府对高中的重视程度一直不高,高中经费基本上是一种政府与非政府分担的模式,而山西省位于中部地区,经济发展水平一般,但不论从政府对高中的重视程度还是政府对高中经费投入的分担比例来看,在中部都算是比较高的,从投入角度来看,其成本分担方式主要是一种以政府分担为主的模式。两种不同的背景之下,民办高中发展的规模却有着相似的结果。

7.2.2 教育成本分担对民办高中规模影响的实证分析

根据前文的描述性分析,我们首先提出基本假设:普通高中政府投入比例越高,民办学校招生的规模就越小。

从理论上来讲,詹姆斯将民办教育的发展划分为两个模式,分别是“过度需求”和“差异需求”,其中家庭对民办教育的“过度需求”是由于政府投入不足形成的,而“差异需求”则是基于家庭对学校多样化的要求而产生的(卡诺依,2000)。按照詹姆斯的“过度需求”模型,民办教育发展规模占比高的原因是政府公共财政投入在教育中投入不足。

从实证数据来看,我国民办高中招生规模占比与普通高中政府投入比例在东、中、西部的分布呈反向关系。我们分别从政府对普通高中的偏好、政府承担比例、个人承担比例①以及升学率和高中学生规模占高中阶段学生规模的比例等方面来考察民办高中规模的影响因素。数据选择上,民办学校招生数的数据来自于2003—2009年的《中国教育年鉴》,使用民办学校的招生规模占比作为因变量是因为招生规模可以很好地表示学校规模发展的动态变化。建立模型如下:

$$\mathrm{PRI}_{it} = \alpha + \beta \cdot \mathrm{Share}_{it} + r \cdot \mathrm{GOV}_{it} + \theta \cdot \mathrm{POP}_{it} + \tau \cdot \mathrm{EC}_{it} + \varepsilon_{it} \qquad (3)$$

---

① 个人分担比例中包含学费、择校费、住宿费和生活费,使用教育经费收入中学杂费(2007年之后含择校费)所占比例表示个人分担比例,会低估个人及家庭的分担,但是随着学杂费占非政府收入比例的增加,学杂费代表了家庭对高中最直接的分担,因此我们选择学杂费所占比例作为个人分担的代理变量。

其中表示第 t 年 i 省的民办学校招生规模占比，对于影响民办高中招生规模的影响因素，我们做如下假设：

第一，假设普通高中教育政府分担比例越高，家庭越倾向于选择公办高中，民办高中教育招生的规模越小。

第二，假设普通高中教育个人分担比例越高，对于家庭来说选择公办高中和民办高中的成本差距减少越多，民办高中教育的招生规模就越大。

第三，政府对高中的偏好可以反映地方政策对于民办高中招生规模的影响，假设政府对高中偏好度强，则意味着政府对于普通高中教育的重视，那么，相应的民办高中教育的发展环境就越好，招生规模相对较大。

第四，假设经济发展水平越高，意味着居民收入越高，市场经济比较发达，那么民办高中教育发展水平越高，民办高中的学生规模就越大。

通过实证结果（表7－6），我们逐个验证上文的假设。第一，政府分担比例与民办教育的发展表现出了显著的负相关关系，印证了我们的假设3，即政府分担比例较高，意味着家庭教育负担减轻，因此家庭更倾向于选择公办学校。按照模型1的结果，政府分担比例每增加1%，民办学校招生规模占比下降约0.11%。第二，模型4—6都显示个人分担比例与民办教育规模在1%的水平上显著正相关，验证了假设4。也就是说，学杂费占比的增加会使得家庭选择不再局限于公办学校，居民对于学杂费的弹性是比较敏感的，学杂费增加促使公办学校优势减弱，民办学校招生规模占比增加。按照模型4的结果，个人分担（学杂费）比例每增加1%，民办学校招生规模占比增加约0.13%。第三，从政府对高中投入的偏好来看，6个模型的结果均显示了显著的正向影响，从而验证了假设2。可见政府对于高中的偏好，会有很强的政策信号作用，使得民办教育投资者愿意进一步地扩大规模，追加投资，并有利于民办教育的发展。第四，从结果来看，除了模型6之外，前5个模型中不管是经济发展指标还是居民收入指标，都有显著的正向影响，因此，假设1得到验证。随着经济发展水平和居民收入的增加，民办教育的规模会随之扩大，而模型6中再加入学杂费占比后农村居民收入对民办教育的发展影响不显著，可能的原因是民办教育主要集中在城市和城镇，因此加入学杂费变量之后，农村居民收入对其规模的影响并不是很显著。由此可以看出，随着经济的发展和居民生活水平的提高，民办教育的发展空间还很大,我国普通高中的民办学校所占的份额还有进一步扩大的空间。

表 7-6　民办学校招生规模影响因素分析结果(2003—2011)

解释变量	因变量:民办高中招生规模占比					
	m1	m2	m3	m4	m5	m6
政府对高中投入的偏好	0.354**	0.370**	0.316*	0.352**	0.350**	0.318*
	(0.162)	(0.167)	(0.168)	(0.164)	(0.166)	(0.166)
普通高中政府分担比例	-0.071 6*	-0.068 8	-0.036 8			
	(0.042 0)	(0.044 3)	(0.046 2)			
普通高中个人分担比例				0.054 4	0.048 8	0.037 3
				(0.039 1)	(0.038 6)	(0.039 0)
高中学生数	0.010 2	0.011 3*	0.012 8**	0.010 7*	0.011 6*	0.012 7**
	(0.006 23)	(0.006 07)	(0.006 12)	(0.006 22)	(0.006 08)	(0.006 10)
人均 GDP	0.0140			0.006 27		
	(0.008 64)			(0.005 77)		
城镇居民收入		0.019 4			0.007 37	
		(0.013 6)			(0.008 48)	
农村居民收入			0.007 45		0.002 56	
			(0.013 4)			(0.008 10)
常数项	-0.170**	-0.233**	-0.148	-0.159*	-0.176*	-0.139
	(0.082 1)	(0.112)	(0.099 2)	(0.081 8)	(0.096 5)	(0.089 2)
样本数	270	270	270	270	270	270
R^2	0.056	0.054	0.047	0.052	0.051	0.048
模型设定检验结果	FE	FE	FE	FE	FE	FE

注:(1)被解释变量:地方普通高中民办学校招生规模占总招生数的比例;

(2)表中所示为回归系数,括号中报告的是标准差,所用数据不包含西藏地区;

(3) * : *p < 0.1, **p < 0.05, ***p < 0.01。

上述分析中,我们发现政府分担比例与民办高中的招生规模显著负相关,另一方面个人分担比例与民办高中招生规模则有显著的正向关系。说明居民对于民办高中的选择有着很强的价格弹性,即在政府分担比例增加、个人缴纳的学杂费相对较少的情况下对民办学校的选择较少,而在公办学校个人分担比例增加时,对民办学校的选择也开始增多。对普通高中教育经费的偏好和重视程度对普通高中政府分担比例和民办学校规模的发展均有显著的正向影响，说明政府对普通高中越重视，政府和社会的投入就会越多，民办学校规模会随之扩大，从而逐步形成与公办学校竞争的状态，有利于普通高中教育质量和效率的提高，使更多有能力的学生可以就读不同类型的学校，增加高中学校的多样性。同时伴随着政府对于高中教育的重视，会促使政府、社会和个人增加对普通高中教育的投入，促进普通高中教育规模和质量的发展。而目前我国的民办高中教育仍旧处于弥补政府投入不足的“过度需求”阶段，因此应进一步加大政府投入，使其发挥差异化和多样化的作用，逐步过渡到“差异需求”阶段。

7.3　小结

本章对成本分担的结果——从教育质量和办学方式多样化的角度——分析了成本分担对普通高中教育发展的影响，使我们能够更好地理解成本分担的作用。

首先论述了对普通高中教育质量的影响，使用投入和产出表示教育质量。分析了以生均教育经费和生均预算内教育经费为代表的教育投入的影响，结果发现生均经费中政府分担比例的增加可以显著地促进生均预算内教育经费的增加，而推动我国普通高中生均经费的增加更多的依赖的是个人分担为主的预算外投入。之后考察了成本分担以及教育经费支出对于教育产出质量的影响，发现政府分担比例和个分担比例对一本升学率均无显著影响。与此同时，平均经费尤其是生均预算内教育经费的投入对一本升学率影响显著。政府分担比例的增加一方面使得很多能力很高的低收入家庭学生可以选择继续就读高中，另一方面政府分担比例的增加促使政府生均预算内教育经费的增加，保证了生均经费的充足性，从而使学校可以雇佣质量更高的教师，使用更科学的教学设备，从而提升教育的质量。不过使用普通高中学生一本升学率表示教育产出质量的问题在于，高校对各省招生本身就是非均衡的计划招生，在目前尚未能更合适的变量前提下，我们假定高等教育在分配招生指标的过程中对各地普通高中教育质量已经进行了评价。

最后分析了成本分担结构对代表普通高中教育市场化和多样化选择的

民办普通高中教育规模的影响,发现政府分担比例过低,政府投入不足,而个人分担比例增加使得收费较高的民办高中与公办高中的收费差异减少,从而选择进入民办高中的家庭增加,但是对于那些家境贫困的低收入家庭来说,个人分担比例的增加可能导致他们放弃选择进入普通高中就读。因此,目前我国民办普通高中教育的发展仍旧停留在低水平的“过度需求”阶段,是在公办教育政府投入不足的背景之下发展起来的。

政府偏好对生均经费和生均预算内教育经费都有很强的正向影响,随着政府投入对高中的倾斜,普通高中教育投入质量会随之提高。另外,政府对普通高中教育的偏好会形成一个良好的政策环境,有利于民办教育的发展和规模的扩大。

总的来说,不论是对低收入家庭的补贴、教育质量的提升,还是民办教育向多样化的“差异需求”过渡,都需要增加政府分担比例,政府投入应适当向普通高中教育倾斜,这也是基于公平和效率的要求。

第 8 章　结论

8.1　主要研究结论

普通高中教育作为我国基础教育的重要一环,在义务教育和高等教育之间起到了桥梁的作用,普通高中教育的发展直接关系到我国高中阶段教育的普及和高等教育的发展。作为非义务教育,普通高中教育在经费上一直实行成本分担的原则,即将一部分成本转移到学生家庭身上,2010 年之后,我国实行了普通高中国家助学金制度,普通高中成本补偿体系建立,对低收入家庭进行资助,意味着我国开始建立了完整的成本分担和补偿体系,也要求我们对我国普通高中成本分担体系进行全面、系统的研究。本文从政府分担、个人分担和层级政府偏好三个角度进行分析,试图回答两个问题:第一,现有分担结构产生的原因是什么;第二,现有分担结构对普通高中教育发展有什么样的影响。

首先从经济理论上对政府分担、个人分担以及政府普通高中教育投入偏好进行了分析。利用公共经济学中公共产品理论、人力资本理论中资本市场不完善导致的流动性限制和外部性理论阐述了政府分担的理论基础,从微观经济学的消费者效用以及家庭和学校相互选择的一般均衡理论阐述了个人分担和补偿的理论基础,使用财政分权背景下政府偏好的变化以及转移支付的作用解释了政府普通高中教育投入偏好研究的理论基础。

对新中国成立以来普通高中教育和成本分担的发展历程进行了详尽的梳理,我国普通高中教育发展路径已经由发展重点高中阶段逐步转为与中等职业教育规模大体相当的稳定发展阶段,普通高中教育在普及高中阶段教育的背景之下,开始了多样化和示范性发展的改革。普通高中教育投入经历了政府负担到以政府负担为主的政策转换。由于政府财力的差异,导致了地方政府对普通高中教育投入和分担比例差异较大,高中教育面临投入不足的问题,并由此产生了向学生乱收费的现象;随着居民家庭负担的加重，尤其是低收入家庭对普通高中教育支付能力有限，2010 年国家助学金制度建立；层级政府对普通高中教育的成本分担基本上沿袭我国财政制度改革的路径，由教育集权发展到逐步对基础教育的分权化改革，基本上是由县级政府承担基础教育财政，省级政府和中央政府通过转移支付手段对县级政府进行财政补贴。

通过统计描述，分析了我国普通高中教育和成本分担的发展历程。本文利用 1998—2011 年的统计数据，发现我国普通高中教育从迅速发展已过渡到了稳定增长时期，公办学校数与民办学校数的比例基本维持在 8∶2，政府分担比例稳步提高，有政策支持的西部地区和经济发展水平较高的东部地区政府分担比例相对较高，中部地区很多省份并未做到以政府分担为主；从个人分担角度来说，农村地区居民负担较重，2010 年仍有 50% 的农村低收入居民家庭无力负担学生的高中费用，为了补偿低收入家庭尤其是农村家庭，我国 2010 年开始实行普通高中国家助学金制度，主要是通过中央和地方政府分担的方式，对低收入家庭学生进行资助；在各级教育支出占比中，政府普通高中教育投入偏好较低，一直维持在 10% 左右，东部地区政府投入偏好最高，中西部地区差异不大。

作为分担主体之一，地方政府分担比例受到经济发展水平、地方财政能力、教育财政和人口因素等多方面的影响，其中地方财政收入能力与其呈“U 型”关系，但随着普通高中学生规模的扩大，政府分担的比例在减少，说明我国普通高中教育政府分担比例对地方财力的依赖度很大，地方财政应避免“U 型”模式的影响，在财力扩大的时候应进一步加大对普通高中教育的投入，保证生均经费中政府投入比例的增加，使政府分担比例不因学生规模的扩大而减少。

按照成本分担的受益原则和能力原则，个人分担比例受到家庭收入能力和学费及生活费水平的双方面影响。在家庭和学校相互选择的过程中，家庭通过对不同学校的选择来实现自身的效用最大化，学校通过寻找高能力的学生取得自身质量最大化，在这样的相互选择中，家庭收入的作用更加地明显。对于家庭收入较低但个人能力较高的学生，学校通过学费减免、生活费补贴或者校内奖学金，以吸引优秀学生就读，从而对高能力、低收入的学生家庭提供了资助和奖励。对于大部分学生而言，普惠性的助学金制度才能给予他们选择的权力，在高中阶段选择是否就读普通高中时，不受家庭收入的影响。目前的普通高中学费和生活费显然是不利于农村居民的,需要对农村居民进行资助和补偿,是教育公平和普及高中阶段教育的双重需要。

使用地方财政性教育经费用于高中的比例表示地方政府普通高中教育投入偏好,政府偏好本身反映了不同政府对高中努力程度的差异以及层级政府间对普通高中的投入差异。因此,我们有必要对影响政府普通高中投入偏好的因素进行分析,我们通过省级面板数据和地市级截面数据来说明省级政府和地市级政府偏好的差异,通过省级数据我们发现:第一,政府对普通高中的投入主要依赖于转移支付,政府自有财政资源并不愿投入普通高中教育,与省级政府相反的是地市级政府对普通高中的投入不受自身财政能力和转移支付的影响,是地级政府的必须支出;第二,省级政府对义务教育的投入会对普通高中教育投入造成“挤出效应”,而地市级政府对义务教育的投入则会加大其投入普通高中教育,再次说明了地市级政府对教育的投入重点放在了全部的基础教育,而省级政府对普通高中教育的关注则明显不够;第三,不论是省级政府还是地市级政府,普通高中学生规模的增加都会促使政府财政性教育经费用于高中的比例增加。

普通高中教育成本分担结构对于普通高中教育发展的作用有助于我们评价其分担结构是否合理,评价的标准则基于教育质量和办学方式多样化两个角度。政府和个人分担对教育质量的影响,可通过投入和产出两方面进行分析。使用生均经费考察投入质量,1998—2011 年面板数据的结果发现,个人分担比例促进了生均经费的增长,政府分担比例显著促进了生均预算内教育经费的增长,政府偏好不论对生均经费还是生均预算内教育经费,均有显著的正向影响。但预算内教育经费的增长速度明显慢于预算外教育经费的增长速度,从而导致与政府分担比例相比,个人分担比例成为促进生均经费增长的主要因素,即政府投入不足。而在对表示普通高中教育产出质量——普通高中升入重点大学的学生比例——考察中,我们利用 2009—2011 年的混合截面数据,发现随着生均经费尤其是生均预算内教育经费的增加,普通高中学生考入重点大学的比例会显著提高。为了考察成本分担对普通高中教育办学和投入多元化的影响,我们利用 2003—2009 年的面板数据,实证分析了成本分担对于普通高中民办教育规模的影响,结果显示随着个人分担比例和政府对普通高中投入偏好的提高,民办高中的规模发展也随之扩大。这说明政府偏好给予了民办教育发展良好的政策环境,但随着政府分担比例的扩大,民办高中规模占比随之下降,说明随着政府分担比例的减少,居民普通高中需支付的费用增加,公办学校与民办学校的学费差异减少,甚至有些公办学校的收费是高于民办学校的,民办高中的发展是政府投入相对不足的结果,仍属于低层次的“过度需求”的结果,而民办教育发展的目标是多样化教育选择的“差异需求”阶段。因此,为了给民办高中教育的发展提供良好的环境,应该进一步增加政府分担比例和政府普通高中教育投入偏好。从对普通高中成本分担的不同效果中我们可以发现,我国普通高中政府分担比例和政府投入偏好仍旧较低,个人分担比例较高,并且增长速度较快,生均经费的增长、普通高中教育市场的良性运作以及教育质量的提高都需要政府投入向普通高中倾斜,提高其分担比例,当然作为成本补偿的助学金本身就是政府分担比例的一部分。

本研究的主要结论包括以下几点:

第一,我国普通高中教育的发展已进入稳定缓慢增长阶段,与中等职业教育比例相当,从其发展趋势上来看,学校主要开始向城镇和城市聚拢,政府分担比例在地区间呈现出西部最多、东部和中部次之的特点;而个人分担比例则与政府分担比例的走向截然相反。总的趋势是政府分担比例逐步扩大,个人分担比例在逐步减少;政府对普通高中教育投入偏好发展经历了迅速提高,然后在大力发展职业教育的政策实施后开始下降并平缓提高的过程,地区间发展呈现出东部最高、中部和西部并没有明显的差距的态势,总体上政府财政性教育经费用于高中的比例基本维持在10%左右。

第二,地区的经济发展水平和财政能力对政府分担比例的影响显著,尤其是财政能力与总量投入中政府分担比例呈“U型”关系,政府分担比例随着学生规模的扩大有减少的趋势。

第三,农村家庭不堪普通高中教育的负担,普通高中普及的重点和难点都来自于农村,农村居民收入的增长速度低于学费的增长速度,对学费的负担能力有限,对弱势群体的资助有助于教育公平。

第四,与省级政府相比,地级政府更重视基础教育,关注普通高中教育,其对普通高中教育投入偏好不受财政能力的影响,并且对义务教育的偏好会促进其对普通高中教育的偏好,从而形成良性机制;省级政府则对普通高中教育的偏好更多地依赖转移支付,而对义务教育的投入会对普通高中的投入形成“挤出效应”。不论是省级政府还是地市政府,都随着普通高中学生规模的扩大而增加对其投入的偏好。

第五,家庭对普通高中教育的贡献和政府普通高中投入偏好促进了生均经费的增长和民办高中规模的增长,政府分担比例偏低,生均预算内教育经费的增长速度低于生均预算外教育经费的增长速度,民办高中的发展处于弥补政府投入不足需要的“过度需求”阶段。政府分担比例越高,普通高中教育的投入和产出质量越高,有利于减轻居民负担,从而使我国的民办高中教育发展逐步走向高水平的“差异需求”发展阶段。但目前政府分担比例过低,未能起到其应有的作用。

8.2　相关政策建议

结合上文中的发现,我们对目前的普通高中成本分担与补偿体系提出以下政策建议:

第一,在普通高中教育投入中加大政府分担比例并进行合理配置。政府分担比例的提高首先会使个人分担比例减少,符合普通高中教育作为发展型准公共产品的性质,而且减轻了居民的负担。更重要的是加大政府的分担比例有助于学校质量的提升、生均预算内教育经费的增加,并促进作为公办高中补充的民办高中教育的高水平差异化发展。在增加政府分担比例的同时,应加大学生资助部分,使政府投入向弱势群体倾斜,向低收入家庭倾斜,尤其是中西部的农村地区,以弥补低收入家庭无力支付普通高中费用的问题,做到教育公平和教育财政公平。

第二,地方省级政府在教育支出中应向普通高中教育倾斜,一方面省级政府谨防陷入财政收入与普通高中政府分担比例的“U 型”模式中,尤其是财政能力较低的中西部地区,另一方面省级政府应拿出自身财力投入普通高中教育,减少对转移支付的依赖,使义务教育和高中教育相互促进、共同发展,从而促进基础教育的发展。省级政府在投入高中教育时,应尽量减少对转移支付的依赖,避免造成对普通高中投入的不稳定。

第三,微观角度,一方面,教育部门应该给予学校在资助学生方面更多的自主权,使学校可以配合使用奖学金和助学金策略,体现学生资助的公平和效率;另一方面,教育部门在分配学生资助经费时应做到向农村生源多的学校倾斜。

8.3 下一步的研究方向

由于受数据限制,本研究只是对我国普通高中教育成本分担研究做了宏观的分析,在此基础上,下一阶段的研究主要在以下三个方面展开:第一,由于只有省级层面的数据和部分年份地市数据,并没有研究省以下的普通高中成本分担结构,鉴于大部分的普通高中都由市级和县级政府财政提供,做好省内的成本分担和补偿分析现实意义更大;第二,由于我国普通高中助学金制度 2010 年才开始实施,因此无法获取助学金的相关数据,以对助学金制度实施的效果进行评估,这也是本文的一大遗憾;第三,对于个人分担中家庭支付能力和学校质量的实证分析需要更微观的家庭和学校数据,如何通过实证检验我们的理论模型也将是一大挑战。总之,由于数据的限制,本研究依旧有很多遗憾之处,所以只有等待在以后的研究中有进一步的突破。

参考文献

[1]ARROW K J. Social choice and individual values [M]. Yale university press, 2012.

[2]BAKER B D. The Emerging Shape of Educational Adequacy: From Theoretical Assumptions to Empirical Evidence [J]. Journal of Education Finance, 2005, 30(3): 259-287.

[3]BALLARD C L. Michigan at the millennium: a benchmark and analysis of its fiscal and economic structure [M]. Michigan State University Press, 2003.

[4]BECKER G S. Human capital: A theoretical and empirical analysis, with special reference to education [M]. University of Chicago Press, 2009.

[5]BERGER M C, KOSTAL T. Financial resources, regulation, and enrollment in US public higher education [J]. Economics of Education Review, 2002, 21(2): 101-110.

[6]BESLEY T, COATE S. An economic model of representative democracy [J]. The Quarterly Journal of Economics, 1997, 112(1): 85-114.

[7]BESLEY T, GHATAK M. Government versus private ownership of public goods [J]. The Quarterly Journal of Economics, 2001, 116(4): 1343-1372.

[8]BUCHANAN J M, TULLOCK G. The calculus of consent: Logical foundations of constitutional democracy [M]. University of Michigan Press, 1965.

[9]CHAKRABARTI R. Impact of voucher design on public school performance: Evidence from Florida and Milwaukee voucher programs [R]. Staff Report, Federal Reserve Bank of New York, 2008.

[10]CHAKRABARTI R. Do vouchers lead to sorting under random private school selection? Evidence from the Milwaukee voucher program [J]. Economics of Education Review, 2009, 34(512004):191-218.

[11]CHRISTINE H R, ROBERT M H. State Policy Innovation in Perspective: Courts, Legislatures, and Education Finance Reform [J]. Political Research Quarterly, 2008,61(2):333-344.

[12] COURANT P N, GRAMLICH E M, LOEB S. Michigan's recent school finance reforms: a preliminary report[J]. American Economic Review, 1995, 85(2): 372-377.

[13]DEWATRIPONT M, MASKIN E. Credit and efficiency in centralized and decentralized economies [J]. The Review of Economic Studies, 1995, 62(4): 541-555.

[14]EDIN M. State capacity and local agent control in China: CCP cadre management from a township perspective[J]. The China Quarterly, 2003, 173: 35-52.

[15]ELACQUAG,DE GE. Enrollment practices in response to vouchers: Evidence from Chile [J]. Occasional Paper, 2006:125.

[16]EPPLE D, ROMANO R E. Competition between private and public schools, vouchers, and peer - group effects[J]. American Economic Review, 1998: 33-62.

[17]EPPLE D, ROMANO R E. Educational Vouchers and Cream Skimming[J]. International Economic Review, 2008, 49 (4): 1395-1435.

[18]FERNANDEZ R, ROGERSON R. Equity and resources: An analysis of education finance systems [J]. Journal of Political Economy, 2003, 111(4): 858-897.

[19]FRAZIS H. Human capital, signaling, and the pattern of returns to education[J]. Oxford Economic Papers, 2002, 54(2): 298-320.

[20]GLAZERMAN S M. School Quality and Social Stratification: The Determinants and Consequences of Parental School Choice[J]. 1998.

[21]GUTHRIE J W, ROTHSTEIN R. Enabling 'adequacy' to achieve re-

ality: Translating adequacy into state school finance distribution arrangements [J]. Equity and adequacy in education finance: Issues and perspectives, 1999: 209-259.

[22] GUTHRIE J W, JAMES W. Modern education finance and policy [M]. Pearson/Allyn and Bacon, 2007.

[23] HASTINGS J S, Kane T J, STAIGER D O. Parental preferences and school competition: Evidence from a public school choice program [R]. National Bureau of Economic Research, 2005.

[24] Yinger J. Helping children left behind: State aid and the pursuit of educational equity[M]. MIT Press, 2004.

[25] HENIG J. Choice in Public Schools: An analysis of tramsfer requests among magnet schools [J]. Sozial Science Quartly,1990,71(1):69.

[26] HILMER M J. Post-secondary Fees and Decision to Attend An University or an Community College[J]. Journal of Public Economics, 1998, 67(3),329-348.

[27] HOWELL W G. Parents, choice, and some foundation for education reform in Massachusetts[R]. Pioneer Institute for Public Policy Research,2004.

[28] HOXBY C M. Are efficiency and equity in school finance substitutes or complements? [J]. Journal of Economic Perspectives, 1996, 10: 51-72.

[29] HOYT W H, LEE K. Educational vouchers, welfare effects, and voting[J]. Journal of Public Economics, 1998, 69(2): 211-228.

[30] LANKFORD H, WYCKOFF J. Primary and secondary school choice among public and religious alternatives [J]. Economics of Education review, 1992, 11(4): 317-337.

[31] LI H, ZHOU L A. Political turnover and economic performance: the incentive role of personnel control in China [J]. Journal of public economics, 2005, 89(9): 1743-1762.

[32] LUCAS JR R E. On the mechanics of economic development [J]. Journal of monetary economics, 1988, 22(1): 3-42.

[33]VILALE, MORA JG. Changing Returns to Education in Spain During the 1980s [J]. Economics of Education Review, 1998(2): 23-24.

[34]MINORINI P, SUGARMAN S. School finance litigation in the name of educational equity: its evolution, impact and future [J]. Equity and Adequacy in School Finance, 1999: 34-71.

[35]MONTINOLA G, YINGYI Q, WEINGAST B. Federalism: Chinese-style, the Political Basis for Economic Success in China [J]. World Politics, 1995, 48(1): 50-81.

[36]Mueller N. (Mis -) Understanding Education Externalities[R]. University Library of Munich, Germany, 2007.

[37]NCES (National Center for Education Statistics). Digest of Education Statistics[M]. Washington, DC: National Center for Education Statistics, 2006.

[38]OATES W E, WALLACE E. Fiscal Federalism[M]. NY: Harcourt Brace Jovanovich, 1972.

[39]PATRINOS H A, PSACHAROPOULOS G. Returns to investment in education: a further update [J]. Research Working papers, 2002, 1(1): 1-28.

[40]PIGOU A C. The economics of welfare[M]. Prentice Hall, Upper Saddle River, NJ: Transaction Publishers, 1924.

[41]Pindyck R S, Rubinfeld D L. Microeconomics, 6[J]. Auflage, New Jersey, 2005: 613 -640.

[42]ROSEN H S. Public finance [M]. Springer US. 2004: 252-262.

[43]ROSEN H S. Labor Quality, the Demand for Skill, and Market Selection [R]. National Bureau of Economics Research. Ine, 1977.

[44]SAPORITO S. Private choices, public consequences: Magnet school choice and segregation by race and poverty [J]. Social Problems, 2003, 50(2): 181-203.

[45]SCHNEIDER M, BUCKLEY J. What do parents want from schools? Evidence from the Internet [J]. Educational evaluation and policy analysis, 2002, 24(2): 133-144.

[46]TIEBOUT C M. A pure theory of local expenditures [J]. The journal of political economy, 1956: 416-424.

[47]WEIHER G R, TEDIN K L. Does choice lead to racially distinctive schools? Charter schools and household preferences [J]. Journal of Policy Analysis and Management, 2002, 21(1): 79-92.

[48]WONG K K. State reform in education finance: Territorial and social strategies [J]. Publius: The Journal of Federalism, 1991, 21(3): 125-142.

[49]布朗. 公共部门经济学[M]. 中国人民大学出版社, 2000.

[50]安体富. 中国转移支付制度: 现状? 问题? 改革建议[J]. 财政研究, 2007(1): 2-5.

[51]保罗 萨缪尔森,威廉 诺德豪斯. 经济学[M]. 英文影印版. 北京: 机械工业出版社, 1998.

[52]陈其林, 韩晓婷. 准公共产品的性质: 定义、分类依据及其类别[J]. 经济学家, 2010(7): 13-21.

[53]陈如平. 中国普通高中教育发展报告2012 [M]. 北京:科学教育出版社,2013.

[54]陈文娇. 高中教育成本分担的理论与实证分析[J]. 江西教育科研, 2007(7): 16-19.

[55]陈晓宇, 闵维方. 我国高等教育个人收益率研究[J]. 高等教育研究, 1998(6): 33-37.

[56]陈玉华. 西部贫困省区普通高中财力资源配置现状调查与分析: 以甘肃省13个样本市（区）各级普通高中为个案[J]. 教育发展研究, 2005(4): 12-14.

[57]陈至立. 教育部2000年工作要点[N]. 中国教育报, 2000.

[58]崔之元. “混合宪法”与对中国政治的三层分析[J]. 战略与管理, 1998, 3: 60-65.

[59]丁菊红, 邓可斌. 政府偏好, 公共品供给与转型中的财政分权[J]. 经济研究, 2008, (7): 78-89.

[60]范静波. 2003—2008年间中国教育收益变动趋势研究[J]. 统计与信息论坛, 2011, 26(8): 47-52.

[61]范先佐，周文良.论教育成本的分担与补偿[J]. 华中师范大学学报（人文社会科学版），1998，(1)：21-28.

[62]范先佐. 我国基础教育财政体制改革的回顾与反思[J]. 华中师范大学学报（人文社会科学版），2003，(5)：112-121.

[63]冯建军. 高中教育资源公平配置：取向与原则[J]. 教育科学研究，2010，(9)：13-17.

[64]冯建军. 普通高中教育资源公平配置问题与对策研究：以江苏省为例[J]. 教育发展研究，2010（12）：1-7.

[65]弗里德曼，资本主义与自由[M]. 张瑞玉，译. 北京：商务印书馆，1986.

[66]傅勇，张晏. 中国式分权与财政支出结构偏向：为增长而竞争的代价[J]. 管理世界，2007（3）：4-12.

[67]甘宇.普通高中贫困生资助政策实施研究：基于西林县的调查.[D]，重庆：西南大学，2012 年.

[68]谷成. 完善中国政府间转移支付的路径选择[J]. 经济学家，2009，(6)：67-74.

[69]郭建如. 基础教育财政体制变革与农村义务教育发展研究：制度分析的视角[J]. 社会科学战线，2003（5）：157-163.

[70]国务院. 关于基础教育改革与发展的决定[J]. 山东政报，2001，(14)：7-12.

[71]教育部. 国家中长期教育改革和发展规划纲要(2010—2020 年)[EB/OL].(2010 - 02 - 28) http://www.moe.edu.cn/publicfiles/business/htmlfiles/moe/moe_838/201008/93704.html.

[72]教育部. 全国教育事业第十个五年计划(2001 - 2005)[EB/OL]. http://www.moe.edu.cn/jyb_xxgk/gk_gbgg/moe_0/moe_7/moe_17/tnull_210.html.

[73]韩洪文. 论教育投资及其结构[J]. 经济与管理研究，2006（5）：86-90.

[74]郝信荣. 改革农村中小学教育投入体制势在必行[J]. 教育财会研究，2001，(1)：018.

[75]贺沁源. 农村义务教育经费投入体制改革研究综述[J]. 辽宁教育

行政学院学报, 2006, 23(9): 35-36.

[76]侯一麟, 王有强. 中国县级财政研究(1994—2006)[M]. 北京:商务印书馆,2011.

[77]胡卫平, 朱晓民, 丰向日. 山西省民办普通高中现状调查报告(上): 概况与成效[J]. 教育理论与实践, 2004, 24(4): 23-26.

[78]黄健江. 20 世纪末中国教育和人力资源开发史研究[D]. 北京: 中共中央党校, 2004.

[79]黄缨. 关于职业教育“成本—效益”分析模型的研究[J]. 中国轻工教育, 2008 (4): 26-29.

[80]霍益萍. 普通高中现状调研与问题讨论[M]. 上海: 华东师范大学出版社, 2010.

[81]江依妮. 中国式财政分权下的农村义务教育投入研究[D]. 天津: 南开大学, 2010.

[82]科恩, 盖斯克. 教育经济学[M].3 版. 范元伟,译, 上海: 格致出版社, 2009.

[83]李芙蓉. 我国普通高中教育投入现状分析[J]. 教育发展研究, 2008 (11): 55-59.

[84]李娟. 我国普通高中教育财政体制问题研究[D]. 长春: 东北师范大学, 2010.

[85]李实, 丁赛. 中国城镇教育收益率的长期变动趋势[J]. 中国社会科学, 2004 (6): 58-72.

[86]李世刚, 尹恒. 县级基础教育财政支出的外部性分析[J]. 中国社会科学, 2012 (11): 81-97.

[87]李涛, 周业安. 中国地方政府间支出竞争研究:基于中国省级面板数据的经验证据[J]. 管理世界, 2009 (2): 12-22.

[88]李祥云. 我国财政体制变迁中的义务教育财政制度改革[M]. 北京: 北京大学出版社, 2008.

[89]李亚勍, 沈百福. 公办普通高中教育投入的地区差异分析[J]. 教育科学, 2009, 25(6): 16-20.

[90]刘芳. 分权视角下中国义务教育投入水平不足和地区差异的原因[D]. 上海: 复旦大学, 2009.

[91]刘鸿明，吴润，申亚民. 教育成本的界定及分类[J]. 理论导刊，2006 (9)：77-79.
[92]刘建民，刘建发，吴金光. 强化普通高中教育经费政府投入责任的路径探讨[J]. 教育研究，2012 (9)：44-48.
[93]刘世清，苏苗苗，胡美娜. 从重点/示范到多样化：普通高中发展的价值转型与政策选择[J]. 华东师范大学学报（教育科学版），2013，31(1)：39-43.
[94]刘小明. 财政转移支付制度研究[M]. 北京：中国财政经济出版社，2001.
[95]刘泽云. 教育经济学[M]. 上海：华东师范大学出版社，2008.
[96]刘泽云，杨钋. 高中阶段教育财政与发展[R]. 北京：教育部财务司内部报告，2008.
[97]刘泽云. 我国高中阶段教育政府投入的实证分析[J]. 教育发展研究，2008 (19)：57-61.
[98]刘泽云. 我国普通高中经费政府分担比例问题研究[J]. 教育与经济，2009 (1)：5-9.
[99]娄世艳，中国教育收益率及其影响因素研究[D]，天津：南开大学，2009.
[100]陆璟. 高中学费政策的比较研究[J]. 上海教育科研，2006 (9)：4-8.
[101]马海涛，姜爱华. 个人收入分配差距拉大的原因分析及对策[J]. 财政研究，2003，(7)：39-40.
[102]牟伟. 基于作业成本思想的中职教育成本核算探讨[D]. 重庆：重庆大学，2006.
[103]彭湃，陈文娇. 我国普通高中教育成本分担研究：理论，实证分析与政策建议[J]. 教育发展研究，2007 (04A)：42-46.
[104]彭杨鲲. 政府教育投资对区域收入差距影响的实证研究[D]. 北京：财政部财政科学研究所，2013.
[105]平新乔，白洁. 中国财政分权与地方公共品的供给[J]. 财贸经济，2006，(2)：49-55.
[106]蒲俊梅. 高等教育成本分担机制比较分析[D]. 成都：西南财经

大学, 2010.

[107]乔宝云, 范剑勇, 冯兴元. 中国的财政分权与小学义务教育[J]. 中国社会科学, 2005, (6): 37-46.

[108]乔俊峰. 分权制下的财政竞争与财政支出结构的扭曲[D]. 武汉: 华中科技大学, 2010.

[109]商艳光. 从代课教师现象看农村基础教育管理体制的特点[J]. 内蒙古师范大学学报(教育科学版), 2009, 21(10): 38-41.

[110]沈红, 季俊杰. 我国助学贷款信用保险制度的问题及其完善[J]. 教育与经济, 2013, (2): 3-8.

[111]宋光辉. 中国民办教育供给与需求的经济学分析[M]. 成都: 西南财经大学出版社, 2010.

[112]孙逸炀. 我国普通高中生均经费现状研究[D]. 上海: 复旦大学, 2010.

[113]孙志军. 家庭背景, 公共教育支出与高中阶段教育入学机会[J]. 中国人民大学教育学刊, 2011,(1): 47-160.

[114]孙志军. 我国初中升学率的基本状况及影响因素研究[J]. 教育与经济, 2012 (3): 9-13.

[115]覃利春, 沈百福. OECD 成员国普通高中财政投入及其启示[J]. 教育发展研究, 2011 (7): 62-65.

[116]汤玉刚, 赵大平. 论政府供给偏好的短期决定: 政治均衡与经济效率[J]. 经济研究, 2007, 1: 29-40.

[117]田志磊. 地方分权、政府支出偏好和教育供给:基于地市县数据的研究[D]. 北京: 北京师范大学, 2012.

[118]托马斯, 海贝勒. 关于中国模式若干问题的研究[J]. 当代世界与社会主义, 2006 (5): 9-11.

[119]王福利, 周剑杰. 关于教育成本核算的若干思考[J]. 长春大学学报, 2007, 17(9): 24-27.

[120]王鹏, 财政转移支付制度改革研究[D]. 长春: 吉林大学经济学院, 2012 年.

[121]王蓉, 杨建芳. 中国地方政府教育财政支出行为实证研究[J]. 北京大学学报 (哲学社会科学版), 2008, 4: 128-137.

[122]王善迈. 教育投入与产出研究[M]. 河北: 河北教育出版社, 1996:168-173.

[123]王善迈. 社会主义市场经济条件下的教育资源配置方式[J]. 教育与经济, 1997, 3(1): 6.

[124]闻待. 论高中教育的多样化发展[D]. 华东师范大学, 2010.

[125]伍海泉. 学费定价研究:理论方法与改革[M]. 北京: 经济科学出版社, 2011.

[126]谢家启, 王珏人. 我国普通高校教育成本及其分担研究[M], 浙江: 浙江大学出版社, 2010.

[127]徐阳光. 财政转移支付法的公平正义理念解读[J]. 社会科学, 2008 (1): 104-110.

[128]杨钋. "三限"政策对公立高中择校的影响[J]. 教育发展研究, 2009 (19): 36-40.

[129]杨钋. 高中阶段学生资助政策分析[J]. 教育发展研究, 2009 (11): 21-27.

[130]杨润勇, 杨依菲. 我国普通高中发展二十年政策回顾与分析[J]. 教育理论与实践, 2010 (7): 23-27.

[131]杨雪冬. 社会变革中的政府责任: 中国的经验[J]. 中国人民大学学报, 2009, 1: 55-64.

[132]姚小菊, 王丽莲. 高校教育成本构成探析[J]. 财务与金融, 2012 (2): 32-35.

[133]叶托. 中国地方政府行为选择研究:基于制度逻辑的分析框架[D]. 杭州: 浙江大学, 2012.

[134]尹恒. 中国县级政府支出偏好研究[M]//中国道路:理论与实践:第三届北京中青年社科理论人才"百人工程"学者论坛2009论文集. 北京: 清华大学出版社, 2011.

[135]尤谊, 谢娟, 张贺章. 高校教育成本研究[J]. 经济研究参考, 2008 (59): 45-47.

[136]余亚梅. 政府偏好与制度变迁:以收容遣送制度为案例的研究[D]. 上海: 复旦大学, 2011.

[137]袁连生, 田志磊, 崔世泉. 地区教育发展与教育成本分担[J]. 清

华大学教育研究，2011（1）：74-82.
[138]袁连生．教育成本计量探讨[J]．北京师范大学学报：社会科学版，2000（1）：17-22.
[139]袁连生．论教育的产品属性，学校的市场化运作及教育市场化[J]．教育与经济，2003（1）：11-15.
[140]詹姆斯．教育责任在公私之间的划分[M]//卡诺依．教育经济学国际百科全书．2版．闵维方，等译．北京：高等教育出版社，2000.
[141]张力．推动普通高中多样化发展的政策要点[J]．人民教育，2011（1）：3-7.
[142]张霞．培养机制改革背景下的研究生教育成本分担问题研究[D]．兰州：兰州大学，2011.
[143]郑尚植．我国地方财政支出偏向问题研究[D]．大连：东北财经大学，2012.
[144]《中国教育年鉴》编辑部．中国教育年鉴（1949—1981）[Z]．北京：中国大百科全书出版社，1984：96、97.
[145]周业安，王曦．中国的财政分权与教育发展[J]．财政研究，2008，(11)：16-19.
[146]朱媛媛．我国高等师范院校学生培养成本研究[D]．郑州：河南大学，2012.
[147]宗晓华．公共教育财政制度的经济分析[M]．北京：中国财政经济出版社，2012.
[148]宗晓华．多任务代理，财政外溢与地方公共服务提供：以教育为例[J]．地方财政研究，2009（8）：9-14.
[149]邹俊伟，杨中全，段谋娟．财政分权，转移支付与地方政府教育投入努力[J]．中央财经大学学报，2010（1）：12-16.

后　记

不知不觉,博士毕业已经两年,博士论文得以顺利出版,有太多的人需要感谢。回首学生时代,依然还清晰地记得2004年秋天来北师大读研究生的时候,恍惚就在昨天,却已经过了一个轮回。在这学习的12年当中,太多的人值得我去感激,但是感谢的话似乎总是太轻,没办法表达内心浓烈的情感,有太多的感谢想要诉说,却又不知该从何说起,太多的片段闪现在眼前,太多的情感无处安放。北京这座城市,师大这所学校,承载了我太多的回忆和成长,感谢师大固有的包容和博大给予我巨大的力量,感谢经管学院首都教育经济研究院的各位老师,让我可以站在巨人的肩膀上开阔眼界,让我可以骄傲地说我是一名北师大人。老师、朋友、同学和家人成了我最坚固的后盾,成功时有人同我一起庆祝,失败时有人在我左右为我加油呐喊。

在北京学习、工作,又重新回到学校,使我对母校有了更深的认识和感触。2011年重新回到学校攻读博士学位时,真正意识到学校的可贵,我就告诉自己,一定不要荒废这三年的时间,享受美好的读书生活,要努力让自己配得上博士学位。但是,没有各位老师的细心呵护和培养,我也不可能顺利毕业。

首先感谢我的导师王善迈教授,王老师总是看上去很严厉,却给予了我们最包容的爱,在遇到困难的时候,老师总是在背后默默地支持着学生。从硕士论文到博士论文,从学习到工作,都得到了老师太多的关心和照顾,老师对待研究问题的严谨和一丝不苟的态度一直影响着我,为我修改论文的过程中,总是大到框架、小到错别字和标点符号,每次都让我汗颜,感慨于老师的认真和严密,以及自己的粗心大意。十年时间,老师像个严厉又可靠的父亲一样,随时都在身旁,让人想到便觉得温暖。从2004年开始,每年中秋节老师都会给我们每个人送月饼,只要有过年不回家的人,一定是在老师家过年。师母吴荣华女士直接而又干练,热情又饱含温暖,十年期间,对师母的感情更甚于老师,师母总是关心我生活中的点点滴滴,从生病吃药到经常让去家里吃饭的生活小事,到恋爱结婚工作等人生大事,付出了自己无保留的爱。老师和师母对我的关心和爱护已经具体到各种生活琐事之中,以至于我已经习惯他们在我左右,分别是如此困难,因为感情是如此浓烈。感谢老师和师母对我的疼爱,当我有错误的时候会直接指出我的问题,当我面临挫折的时候会支持我,是我在北京最亲的家人,是像父母一样的存在。

首都教育经济研究院一直是一个温暖的大家庭,这个大家庭中,有热情而又雷厉风行的赖德胜教授,有严谨的袁连生教授,有勤奋幽默的孙志军教授,有和善可靠的刘泽云教授等等。作为一个研究院的老生,对于几位老师都非常熟悉,可是依然会在袁连生老师面前紧张,袁老师对待问题和科研的严谨,使得在修习袁老师教育财政这门课时,我格外的认真和努力,希望自己表现出最好的一面,感谢袁老师的严谨对我的影响。但其实更感激的是袁老师在我博士论文期间,从选题到文章架构的指导,在一次次的讨论中,使得文章的架构和主旨逐步清晰。博士期间参与的课题内容基本上都是孙志军教授分配的,我总是称呼他为副导师,指导我使用规范的方式写论文,教导我如何做好研究,认真的为我修改论文,真的可以称之为我的副导师,感谢孙志军教授对我耐心的指导和帮助,不厌其烦地解释我应该注意的问题。而孙老师自身对待学术认真的态度以及令我自惭形秽的努力都非常值得我学习和效仿。

总是习惯的称呼刘泽云教授为刘师兄,2004 年读研究生的第一堂课就是刘师兄的教育经济学,还记得那天恰逢教师节,我们几个学生不仅没有送他礼物,还让他在课程结束后请我们吃饭,也许这就是机缘的开始。在校期间,遇到任何的问题,直觉就是先找刘师兄解决,至今都还记得硕士期间刘师兄帮我们开小灶,为我们讲解计量经济学。博士论文期间,感谢刘师兄竭尽全力的协助,当我遇到问题或者瓶颈的时候,总是热情的解答我的疑惑,为我打开一片天空。北京十年,有刘老师这样的师兄是我的荣幸,很多问题只有在得到他的肯定和支持之后才会觉得踏实。感谢温文尔雅的刘泽云老师,成了我们身边最温暖的存在。

感谢我的挚友杜玲玲和张玮,从不吝啬自己的感情,总是像对待妹妹一样包容我的任性。在需要加油的时候为我摇旗呐喊,给我最大的鼓励,即使最艰难的时候也不失去希望,懂得我,知道什么时候该出现,什么时候应该给我空间,在我低迷的时候第一个安慰我,在我开心的时候第一个祝福我。感谢你们,你们是最好的闺蜜,最好的姐妹。

感谢爸爸董福华先生和妈妈王秀莲女士,谢谢你们永远都支持我的任何决定,从小到大,只要我下定决心要去做的,哪怕你们不理解,也不曾在我面前表露,总是跟我说加油;在我面临挫折的时候,总是会跟我说没关系,还有你们。感谢弟弟董俊杰总是像哥哥一样容忍我的坏脾气甚至是冷漠,总是给我发短信说永远做我背后最大的支撑。没有你们的爱和包容,就不会有我的现在,你们是我最珍贵的财富。

最后,本书得以顺利出版,要特别感谢教育学院院长陈鹏教授和副院长吴合文副教授的大力支持,感谢陕西师范大学校级社科优秀出版基金的资助,感谢陕西师范大学出版总社钱栩编辑的认真负责以及一丝不苟的态度。总之,这本书融入了太多人的支持和帮助,感谢所有人在出版过程中的倾情付出。

纵有万言感谢,也难述心中情谊。文字虽短,但情谊流长!感谢我生命中的你们,是你们让有很多缺点的我有归属感和信赖感,是你们让我的生活变得多姿多彩,是你们成就了我的生活。或是坚持的动力,或是前行的目标,或是温暖的港湾,或是同行的快乐。